AF366972

TREINTA VOCES
CAOS

TAMARA GONZÁLEZ ILLANES

TREINTA VOCES
CAOS

EXLIBRIC
ANTEQUERA 2020

TREINTA VOCES. CAOS
© Tamara González Illanes
Diseño de portada: Dpto. de Diseño Gráfico Exlibric

Iª edición

© ExLibric, 2020.

Editado por: ExLibric
c/ Cueva de Viera, 2, Local 3
Centro Negocios CADI
29200 Antequera (Málaga)
Teléfono: 952 70 60 04
Fax: 952 84 55 03
Correo electrónico: exlibric@exlibric.com
Internet: www.exlibric.com

ISBN: 978-84-18470-69-1
Depósito Legal: MA-1386-2020

Nota de la editorial: ExLibric pertenece a Innovación y Cualificación S.   L.

TAMARA GONZÁLEZ ILLANES

TREINTA VOCES
CAOS

*A todos aquellos que, sin saberlo, se convirtieron
en los protagonistas de estas historias.*

Agradecimientos

A mi amiga, la de los ojos azules, y a mi amigo Fitzherbert, por haber creído en mí desde el principio.

A mis niños, Gonzalo Cobos y Alejandro Canel, por leerme y escucharme tantas tardes.

A Pancho Casañas, por demostrarme que hay gente buena y desinteresada con ganas de ayudar al prójimo.

A Elena y José Manuel, mis padres, por enseñarme que el amor verdadero no es solo ficción.

A Merche Barroso, por alentarme a no callar todo lo que tenía que decir.

Y al amor y sus consecuencias, por ser mi inspiración y mi fuente de vida.

Prólogo

Será que me refugio en las letras cada vez que me ahogo. Cuando el alma me quema y abrasa cada miligramo de sangre que recorre mi cuerpo. Cuando el nudo en la garganta me aprieta y no me deja respirar. Solo cuando estoy rozando la línea de mi límite acudo a ti. Porque justo ese es el momento en el que ya no puedo más y siento que solo encuentro consuelo si te escribo, si plasmo todo en un trozo de papel. Puede que sea porque siento que tú no me juzgas y que solo tú en esos momentos me entiendes. Y tal vez debería ir corriendo a algunos brazos para encontrar ese consuelo, pero estoy cansada de que el mundo cargue con historias mías.

Siento que mi inspiración sea tan impredecible, que llegue a horas intempestivas o a otras totalmente adecuadas. Cuando la inspiración viene a mí, puedo sentirlo. Mi cerebro empieza a procesar cientos de palabras que se organizan y cobran sentido. Forman un cúmulo de párrafos, que escupo rápidamente, porque si no, se perderán para siempre en el tiempo.

Escribir es para mí una necesidad. Siento que debo vaciar todo aquello que viene a mí y, gracias a eso, puedo trasladarme a todos aquellos momentos que alguna vez pasaron por mi mente. Puedo vivirlos y entenderlos como solía hacerlo entonces. Únicamente así puedo sentir con la intensidad que sentía e incluso alguna lágrima que otra se me escapa.

Después de mucho tiempo dándole vueltas he decidido que mis palabras ya no se quedarán nunca más en el fondo de un cajón. Mis historias podrán ser leídas por todos aquellos y aquellas que quieran conocerlas. No tendré miedo del mundo y seré valiente. Seguiré refugiándome en ti cada vez que lo necesite. Seguiré escribiéndote todo lo que me venga. Todos los momentos formarán parte de ti, así como tus hojas formarán parte de mí. Entre los dos seremos uno querido libro, y no hará falta, amigo mío, que nadie lo entienda.

Índice

Cosquillas a quemarropa

Tú y yo así, mientras el mundo gira en la elipse de tus caderas.

Cómo se reía. Sus carcajadas resonaban por toda la habitación. Rebotaban en las paredes y taponaban mis oídos. No había nada más, solo ella riendo como una loca sin parar. Llevaba unos vaqueros ajustados y el jersey *beige* de lana que le regalé. El pelo lo tenía trenzado, aunque su flequillo rebelde no había por dónde agarrarlo. Me encantaba observar el gesto que hacía de colocarse solo el lado derecho detrás de la oreja, mientras el izquierdo le caía y se enredaba en sus largas pestañas. Todas las sábanas estaban revueltas, porque no paraba de moverse. No soportaba las cosquillas y solo sabía patalear como una niña pequeña. Y era en ese momento cuando sentía que tenía que protegerla más que nunca.

Sin embargo, nunca se rendía y siempre intentaba deshacerse de mis manos. Algunas veces yo la dejaba ganar, otras ella era quien ganaba, pero lo mejor era vivirlo. En uno de sus intentos logré retenerla bajo mi cuerpo. Cogí sus muñecas y las sujeté con una mano. Ella se quedó quieta, mientras me miraba con aquellos ojos que me hacían perder la cabeza. Sin perder un segundo, la besé, y lo volví a hacer una y otra vez. Bajé lentamente por su cuello. Le quité el jersey y le besé poco a poco el pecho. Notaba como sus pezones se iban endureciendo y como yo me iba calentando a la velocidad de la luz.

Seguí bajando hasta sus pantalones. Acabaron también en el suelo. Le toqué la entrepierna y sentí su calor. Estaba empapada y eso a mí me ponía a mil por hora. Le metí un dedo e instantáneamente la miré. Vi cómo se mordía el labio y cómo gemía de placer. Uno, dos, tres y hasta que ya no pude más y me introduje en ella. Los dos nos fundimos, nos hicimos uno. Mientras lo hacíamos, ella gritaba, jadeaba y gemía. Con la voz entrecortada y ahogada me susurraba al oído. Me tiraba del pelo y me hincaba las uñas.

Se corrió tres veces aquella tarde y yo loco, completamente loco, me corrí con ella. Fue grandioso, mágico. No quería salir de su cuerpo, quería quedarme eternamente allí dentro. Toda ella era mía y yo era suyo. Nos abrazamos tan fuerte como pudimos y nos llenamos los oídos con halagos y cosas bonitas. Aun despeinada y con todo el rímel corrido seguía teniendo la cara más bonita del mundo. La quería de verdad. Se enredó en mi cuerpo y se acurrucó entre mi pecho y mi brazo. Me di cuenta entonces de que nadie sería capaz de hacerme sentir lo mismo.

Razón vs. corazón

Voz n.º 2

No hay conflicto que me haga sentir más viva, más yo,
que el que se disputan mi cabeza y mi corazón.

Todos en la mesa hablaban sin parar. Sentada y con el sol de frente, intentaba esconderme detrás de mis gafas de sol. Escuchaba la conversación atentamente. Como siempre, todos los días el tema acababa siendo el mismo. Mientras mis dos amigos intentaban buscar cómo definir el amor a su modo, yo solo me dedicaba a escuchar.

Mi amiga, una romántica de las de película, hablaba del amor como fuente que cura todo mal. Lo tenía demasiado idealizado, a mi parecer. Se dejaba llevar por los sentimientos, se movía por las emociones, aunque su cabeza le dijese todo lo contrario. Quizás ella no concebía el amor de otro modo, sino solo como una fuerza impulsora de actos involuntarios.

Mi amigo era la otra cara de la moneda. No creía que el amor fuese el remedio de nada, ni tampoco una necesidad. Puede que fuera un complemento, pero para qué complicarse con lo bien que se está solo. Disfrutando únicamente de pequeños momentos de placer, sin necesidad de explicaciones ni preocupaciones. Para qué creer en un amor que nunca será para siempre y que terminará apagándose.

Poco a poco observaba cómo el gesto de mi amiga se endurecía y se entristecía a la vez. Aunque no compartía su misma opinión, sabía que para ella el amor era algo fundamental en su vida y sin él toda su balanza se desequilibraba en cuestión de segundos; sin embargo, coincidíamos en algo: las dos creíamos en el amor a primera vista, en ese que te deja sin aliento, en el de las mariposas en el estómago. Tal vez sus ideas no eran tan diferentes a las mías después de todo.

Mientras intentaba permanecer esquiva en la conversación, un nombre cruzó mi cabeza. Recordé entonces las sensaciones: cómo era estar ante su presencia, cuál era su olor e incluso cómo era el brillo de sus ojos. Recordé también cuán frustrante era retener esas ganas locas e impacientes por querer tocarle. Ni siquiera pedía un beso. Me hubiera conformado con mucho menos. Seguidamente, vinieron a mi mente el dolor, la pena, la decepción y la insatisfacción. Cómo iba a idealizar al amor. Sabía que existía, sí, porque en mis carnes lo había sentido y en mi alma aún quedaban trozos rotos que recomponer. Tal vez algún día alguien me haría cambiar de opinión, o a lo mejor no, pero tenía claro que no podría dejarme querer para siempre. Eso era realmente aterrador, porque no quería que nadie sufriera por ello. Era mejor evitarlo, cerrar el corazón y asumir que todas las decisiones que tomara el resto de mi vida estarían bajo la supervisión de la razón. Así me iría mucho mejor. Seguro que sí.

El nudo

Voz n.° 3

Todas las lágrimas no se derraman en el momento oportuno.

Calor, mucho calor. Me hierve la sangre. Te juro que siento que voy a explotar. Tengo la lágrima pendiendo de un hilo. Se me va a caer, y no quiero. Intento contenerla lo más fuerte que puedo. Me pongo roja. Noto que estoy ardiendo, sudo. Mis manos resbalan y no puedo evitarlo. Respiro hondo e intento calmarme. ¡Joder, no sirve de nada!

No quiero llorar. Aquí no, hay demasiada gente. Quiero estar sola, necesito estar sola. Se me está haciendo eterno. Tengo un nudo en el pecho que cada vez se hace más grande. Me presiona y me hace ser una bomba de relojería ahora mismo. No quiero que nadie me hable, que nadie me mire, que nadie me toque, ni siquiera tú. Ahora no. Necesito desahogarme, pero necesito que me entiendas, y no lo haces.

No puedo dejar de pensar. No puedo dejar de sufrir y de hacerme daño. No puedo contenerme más. Mierda. Se me ha escapado, una lágrima ha conseguido caer de mi ojo derecho. Ya no hay vuelta atrás. Intento limpiarla lo más rápido que puedo. Lo hago disimuladamente, claro. El chico que tengo enfrente se ha dado cuenta. ¡Joder, ahora no para de mirar! Seguro que se está preguntado qué cojones me pasa. Me pregunto si también lo pensarás tú, pero no, seguro que estás ocupado en otras cosas. Bueno, en otras mierdas.

Qué camino más largo. Una parada, solo una más y seré libre. Ya me bajo. Me pondré los cascos y escucharé mil veces la puta canción. Sí, me haré daño a mí misma. Me torturaré con la letra, mientras pienso en todo lo que te diría. Lloraré hasta que me seque y aflojaré el nudo.

Recuerdos blancos

Voz n.º 4

A los que se van, pero de algún modo siempre están con nosotros.

Todo estaba en silencio. Ella, sentada frente a la ventana, contemplaba una vez más el frío invierno. La nieve caía. Los pequeños copos se amontonaban en el suelo formando una gran cobertura blanca. La calle estaba vacía, sin luces, sin ruido. Ni un alma rondaba el lugar. Sin embargo, ella sentía su presencia. Le había dejado tantas huellas que era imposible olvidarle.

Oía su risa. Aun en el más profundo de los silencios podía escucharla. Era única, al igual que su sonrisa. Aquella forma tan característica de poner los labios solo podía ser suya. Pero nada era comparable con su mirada, sus grandes ojos marrones, adornados con negras y largas pestañas que le daban vida. Si te fijabas bien, podías observar que alrededor de su iris se escondían dos pequeñas manchas amarillas. Eran dos destellos que le daban luz. Luz que irradiaba magia con solo abrirlos. Era intensa, maravillosa, traspasaba el alma. Podía pasarse el día perdida en aquellos ojos. No le importaba, porque sabía que no vería algo tan hermoso nunca. La última vez que los vio juró no enamorarse de otros. Y así fue. No sería por falta de oportunidades, pero en el fondo aquel vacío nunca podría llenarse.

Se estremecía al recordar sus pasos, al oler su ropa y al mirar las fotos. Todo su alrededor le recordaba a él. Cuán feliz había sido su vida y cuán triste era ahora. La casa se le caía encima y el peso de su pérdida era demasiado grande. El dolor era inmenso. Cada mañana, al despertar, se sentaba frente a la puerta por si volvía. Pero tras una hora de espera, se sumía en un profundo llanto que casi le ahogaba. Ya casi no le quedaban lágrimas. Sus ojos estaban apagados.

Ella, consumida, sin vida, ausente. Se bebía el café y encendía un cigarro detrás de otro. Después volvía a la misma posición. Se sentaba frente a la ventana. Veía como la nieve caía y caía cubriendo cada vez más las calles. Qué bonito era aquel paisaje blanco. Recordó entonces que era su color favorito. A ella también siempre le había gustado. Se había olvidado de la paz que transmitía. Seguro que le habría encantado ver aquello.

Dio una última calada al cigarro y lanzó un profundo suspiro al aire. Todo el cristal de la ventana se llenó de vaho. Cruzó sus brazos y se abrazó tan fuerte como pudo. Con los ojos cerrados, aunque llenos de lágrimas, sonrió levemente, pues sabía que desde algún lugar del universo él también lo estaría contemplando.

Culpable

El que no se haya sentido así alguna vez nunca ha estado vivo.

Culpable.
Así se sentía.
No había otra palabra en el diccionario
que pudiera definirla.
La misma pregunta resonando en su cabeza.
¿Cómo había podido?
Cayó en la trampa.
Se convirtió en todo aquello que rechazaba.
Se dejó llevar.
Aun así, culpable.
¿Cómo podría vivir con eso?
¿Cómo fingiría que nada hubiera pasado?
Y seguía sintiéndose culpable.
«Hipócrita», se decía.
Reconocer el error tampoco quería.
Quizás la falta de valor.
Le destrozaría la vida, lo sabía.
Nadie era merecedor de algo así.
«Cobarde, cobarde, cobarde», se decía para sí.
Por no decir la verdad.
Por aprender a vivir en la mentira.
Aunque se torturara por dentro.

Aunque sintiera punzadas cada vez que le mirara.
Por callar.
Se sentía más culpable.
Y el nudo en el pecho crecía.
Las cosas ya no iban bien.
Disimular era difícil.
Y a ella siempre se le había dado mal eso de mentir.
Vivía ilusa,
intentando creer que todo había sido un sueño.
Pero en el fondo sabía que no.
La idea de convertirse en peor persona la inundaba.
Más culpable aún.
Sin embargo, no nacía en ella el arrepentimiento.
Y eso, eso era todavía peor.
Nada podía justificar sus actos.
Tampoco quería que algo hubiera.
Era consciente cuando pasó.
Y aun estando en su sano juicio,
no quiso tener la voluntad de decir que no.
En silencio pidió perdón.
Por las lágrimas no derramadas.
Por la ausencia de remordimientos.
Por haber caído en la tentación.
Solo le quedaba compensar el daño.
Vivir con la culpa.
Afrontar la verdad.
No había vuelta a atrás.
No podía obligar a su mente a olvidar.
Los recuerdos estaban grabados a fuego,

y ya nada podía destruirlos.
Decidió guardar el secreto.
Siguió con su realidad,
castigándose día tras día,
siendo egoísta,
siendo la peor persona que habita en este mundo,
siendo cobarde,
siendo hipócrita,
por no respetar sus valores y sus principios,
por perder su dignidad.
Siempre llevaría el tormento consigo.
Y nunca, nunca dejaría de sentirse…
culpable.

Un café para recordar

Voz n.º 6

Por todos aquellos cafés que me bebí sabiendo a tu nombre.

El café estaba ardiendo. El humo que salía se esfumaba en el tiempo. Tú sujetabas la taza con las dos manos mientras soplabas. Yo solo contemplaba la escena. Soplabas suavemente para no quemarte. Tus labios, apoyados en la taza, daban pequeños sorbos. Bebías y sonreías, y entonces yo podía ver esa sonrisa perfecta que me derretía por dentro. No podía dejar de mirarte. Generabas en mí una atracción demasiado fuerte, así que te observaba detenidamente. Analizaba cada gesto y cada detalle.

Ese lunar en el dedo índice de tu mano derecha me encantaba. Aún no sé por qué, pero me gustaba besarlo. Tus manos eran pequeñas, pero sabían tocarme como ningunas otras antes lo habían hecho. Con ellas habías recorrido cada punto de mi cuerpo y yo me estremecía solo con recordarlo. Pensé en cuando cerrabas los ojos. Verte dormir era todo un placer. No podía sentir más admiración, ni tampoco más amor. Te miraba con fuerza, para grabar bien tu rostro en mi mente. Me encantaba peinarte las cejas con las yemas de mis dedos, recorrer tus mejillas y perfilar tus labios.

Siempre olía tu pelo y tu ropa. Ese olor se quedaba impregnado en cada uno de los sitios por donde pasabas. Me era tan familiar… Me recordaba a casa, al calor de mamá. A veces, me emocionaba. Te resultará extraño, lo sé, pero me hacías sentir un cúmulo de cosas que no puedo explicar. Solo sé que la idea de perderte me hacía entrar en pánico. Me preguntaba a mí misma cómo podía quererte tanto. Aunque creo que más que querer, te amaba. Me daba miedo pensar que podría haberme enamorado de ti; sin embargo, lo hice sin darme cuenta, sin querer y cada vez que te miraba, mis ideas se aclaraban aún más.

Cómo no iba a amarte. Mientras me contabas qué tal te había ido, no dejaba de pensar en cuándo sería la próxima vez que volveríamos a vernos. Otra vez me tocaría echarte de menos. De repente, cogiste mi mano y yo salí de mi mundo. Volví a la realidad y allí estabas tú, en frente de mí, mirándome con aquellos ojos a los que yo caía rendida. Me dijiste que te tenías que marchar y yo maldije al tiempo. Mi mirada se apagó entonces y me quedé cabizbaja. La sonrisa que me provocabas había desaparecido. Con tus dedos levantaste mi barbilla y me besaste los labios. Después te acercaste a mi oído y me susurraste un suave te quiero que recorrió mi cuerpo como un escalofrío.

En ese momento noté como alguien me llamaba. Era el camarero de la cafetería. Me estaba avisando de que iban a cerrar ya y tenía que pagar la cuenta. Me había dormido. Qué vergüenza pasé. Yo estaba allí sola. Todo había sido un maldito sueño. Tú no estabas allí. Sin embargo, recordé a la perfección la última vez que estuvimos. Ahora era todo extraño. No quería despertarme de aquel sueño. Ojalá nunca te hubieras ido. Miré a los lados por si alguien había contemplado la escena, pero no, estaba sola. Sola con tus recuerdos.

Observé mi café y estaba frío. Tan frío como estaba mi corazón. Pagué la cuenta y me fui de allí. Era de noche ya, pero tenía que despejarme un rato. Caminé con las manos en los bolsillos por el parque. Tu risa resonaba en mis oídos con cada uno de mis pasos. Me apoyé en la barandilla que hay rodeando el lago. Recordé cómo la última vez que estuvimos allí me colocaste el pelo detrás de la oreja. Recordé cómo me vendaste los ojos con tu bufanda, cómo me hacías cosquillas. Recordé cómo corrías tras de mí para robarme un beso. Las lágrimas se me caían con cada recuerdo. Hacía mucho frío, pero me daba igual. No quería moverme de allí. Te sentía conmigo. Era como si no te hubieras ido.

Las estrellas brillaban con fuerza en el cielo, casi tanto como lo hacías tú. Les tiré un beso para que te lo llevaran allá donde estuvieras. Y sé que te llegó, porque yo sentí cómo el viento me devolvía un abrazo. A lo mejor tú seguías amándome con tesón, o simplemente a lo mejor, solo fue una suposición más que hizo mi cabeza para calentar mi frío corazón.

Después de ti, nada

Voz n.º 7

Dime, ¿tú cómo haces para olvidar?

Promesas rotas.
Palabras vacías.
Recuerdos.
Ya solo me queda eso.
Te lo llevaste todo.
Pensaba que aún me quedarían ganas,
pero no, te las llevaste también.
Dejaste dolor, mucho.
A veces, pienso que me puede,
no me deja respirar, me ahoga.
Dime cómo haces tú para llevarlo tan bien.
Yo ya no sé cómo hacerlo.
Lo intenté todo, pero sigues ahí.
Explícame cómo se olvida.
Cómo cierro el capítulo y paso página.
Ni siquiera me salen las palabras.
Estoy en blanco.
Me he estancado, lo sé.
Ni avanzo, ni retrocedo.
Qué más me da.
Haga lo que haga tú no estarás.
Aún recuerdo como si fuera ayer nuestro primer beso.

Era de noche y era verano.
Seguro que tú ya no lo recuerdas.
Probablemente te hayan borrado todo
cuatro besos tontos de un calentón.
¿Sabes? Aún me creo que fui especial,
que fui diferente.
Vaya mentira.
Solo fui la novedad.
Una más y punto.
Es mejor que lo acepte.
Aunque eso no hará que me duela menos.
Sí, me duele.
Después de tanto tiempo me duele.
Estoy aprendiendo a vivir con ello.
No me queda otra.

Arde

Voz n.º 8

Gracias, Alejandro, por darle nombre.

Pendiente de un hilo. Esperando la última gota que colme tu vaso. Tal vez buscando la excusa perfecta para deshacerte de todo eso. Alguien que te salve; sin embargo, nada llega. Todo permanece constante, imperturbable. Sientes chispas saltar en tu interior, un fuego constantemente ardiendo que no termina de arder. Te está matando. Te hiere y recorre cada hueco de tu ser. Sientes cómo recorre tus venas, abrasando a su paso. Sientes cómo alienta a tu mal genio y cómo enciende tu cabeza. Te llena de ira y deseos de arrasar con todo.

Justo en el momento en que crees que ya no puedes contenerlo más, se para. Algo acaba con él. Algo lo apaga, como si de una vela se tratase. Notas cómo te vacía. Eres más ligera ahora, pero sabes que no durará lo suficiente como para que te deje descansar. Volverá. Solo bastará otra palabra suya para hacerlo despertar. Te maldices por no dejar que se vaya. No quieres contenerlo de nuevo. La lucha interna te está consumiendo, pero te empeñas en mantenerla. Parece que te hace sentir viva, aunque solo sea por un momento. Sí, porque sabes que cuando despierta en ti, te da fuerzas, te hace sentir poderosa, te da control. Pero, sinceramente, no sé quién controla a quién.

A veces, te dejas llevar por la furia. Es como si fuera tu única vía de escape; sin embargo, en el fondo, tú no quieres eso. Por eso no termina de dominarte, aunque ya lo sabes: siempre acaba venciéndote. Me pregunto cuánto tiempo podrá durar esto. Todo tiene un límite y el tuyo está siendo rozado levemente cada vez que abres los ojos. Cada vez te cuesta más soportarlo. Pero entonces, ¿por qué sigue ahí? ¿Acaso es miedo? Sí, lo es. Te paraliza. Es capaz de acabar con todo en lo que crees. Te hace sentir insegura, tanto que mata todo aquello que nace en ti.

El fuego no puede contra el miedo. Aunque abrase, aunque hiera, sabes que tú puedes acabar con él, incluso dominarlo. ¿Y el miedo? ¿Puedes acabar con él? ¿Puedes acaso dominarlo? Ahora es más fuerte, y lo sabe. No te deja vivir. Se aprovecha de cada debilidad para hacerse aún más fuerte. Eres su presa, encerrada en una jaula a la que llamas cuerpo. Condiciona cada paso que das y cada decisión que tomas. Le has cedido más poder del que deberías. Todo lo que te pertenecía ahora está bajo su control. Y sigues conteniéndote, aunque te destroce por dentro, aunque abra tus heridas y cada vez profundice más en ellas.

¿Tiene el miedo límite o se lo pones tú? En el segundo caso, ¿hasta dónde estás dispuesta a llegar?, ¿hasta dónde vas a dejar que te cale? Si le dejas, acabará con todo. Tú no quieres eso. Y si no ha acabado contigo ya es porque tienes esperanza. Esperanza en ti. Te autoconvences de que pronto llegará el día en que tú ganarás la partida. Y pasa un día y otro, y sigues conteniendo ese fuego. A cada minuto que pasa lo alientas más y más, siempre esperando el momento oportuno.

En el fondo querías ser rescatada. Lo fácil es que alguien te libere de aquello que te oprime. Lo difícil es liberarte tú. Y sabes que solo tú puedes hacerlo, solo tú tienes la forma de acabar con ello. Porque nadie vendrá a rescatarte esta vez. Nadie puede librar la batalla que tú misma creaste.

Y aunque duela, te enfrentarás a ello una vez más. Solo tienes que echarle coraje, porque lo tienes. No tardará en llegar el momento. Lo sabes. Cuestión de días quizás, o meses tal vez. Tómate el tiempo que necesites, pero sin llegar a cruzar el límite de la aceptación. No puedes aceptar que el miedo te venza, porque tú también tienes derecho a ser libre. Quieres ser libre, y solo tú puedes conseguirlo. Solo tú puedes salvarte.

Salvadora de almas

Tal vez no pueda salvarte, pero seguro que puedo intentarlo.

Se había apagado. Aquella noche su mirada se había perdido en la inmensidad del espacio. Sus ojos no brillaban, no emitían luz. Tampoco había estrellas esa noche, tan solo una luna menguante, emborronada y tapada por cúmulos de nubes. Sensación de vacío, de gran vacío. Había llorado tanto que ya no le caían lágrimas. Ni la más fuerte de las lluvias podía compararse con la intensidad de su llanto. Había dolor, mucho dolor que soltar, tanto que pensaba que nunca se terminaría.

Esta vez respiró hondo. Inspiró fuerte y sintió como el aire le llenaba los pulmones. Sintió frío. Tenía las mejillas apoyadas entre dos rejas. Con las manos las sujetaba firmemente. Era como si no quisiese soltarse. Le daban seguridad. Intentó gritar al cielo, pero no pudo. Su alma se había quedado sin voz. Ya no tenía energía para más. Se había disipado, se había consumido. ¿Cómo podía haber acabado así, si con solo mirarte encendía el mundo? Ahora ya no quedaba nada. Solo cansancio y un leve recuerdo de lo que un día había sido. Tenía los ojos más bonitos que jamás había visto, un azul grisáceo que te envolvía, te enredaba y te transmitía serenidad. Ella lo había sido todo. Desde cualquier punto yo la contemplaba. No podía dar crédito a nada. No había luz, solo oscuridad. Una oscuridad que calaba en lo más hondo. Tenía que haber sufrido mucho. Me fijé en cómo miraba a la luna. Podías sentir que se hablaban, y con su mirada le transmitía todo lo que sentía.

Entre aquellas rejas parecía estar ilesa, pero más bien estaba rota. Un dolor agudo y punzante la atravesaba por dentro. Me partía el corazón verla así. Seguía apoyada, esperando algún tipo de respuesta, esperando ser liberada de aquello que le hacía tanto daño. Otra vez sus ojos se llenaron de lágrimas. Debieron de ser las últimas. Fueron cayendo una a una. Brotaban sin parar, recorriendo sus mejillas y bajando por su perfecto cuello. Pero el dolor seguía. De pronto, empezó a llover y seguidamente se desató una tormenta. Truenos y relámpagos retumbaban e iluminaban el cielo. Parecía que había desatado todo aquello que llevaba tan dentro.

Contempló aquello. Se sintió viva. Cada trueno resonaba en sus oídos como una dulce melodía y la elevaban hacia lo más alto. Sentía la fuerza, la liberación, y con cada estruendo se fortalecía un poquito más. Despertó su melancolía y consiguió despejar todas esas tinieblas que se habían apoderado de lo más profundo de su ser. Era su respuesta. La luna había escuchado sus súplicas y le había devuelto aquello que había perdido. Su vitalidad había regresado. Ahora era más fuerte que nunca.

Yo pude observarlo. Vi cómo renacía, cómo sus ojos se teñían del azul más intenso. No os imagináis cuántas veces rogué que alguien escuchara sus súplicas y decidí entregarme si, a cambio, ella volvía a ser feliz. Yo había cumplido mi parte y ahora podía sentirla más que nunca. Siempre formaría parte de su ser. Me esfumé como el humo, mientras ella recobraba el aliento. Fue una noche mágica. Yo estaba allí. Podía situarme en cualquier punto, en cualquier dirección. Dondequiera que buscara o mirara allí estaba yo, siendo su luna, su tormenta o su vacío. Había salvado a lo más preciado que había tenido nunca.

Cesó la tormenta y empezó a vislumbrarse el amanecer. Un sol radiante comenzaba a alzarse, para despertar a todos aquellos que habían permanecido ajenos a aquello. Y volví a contemplarla, una última vez. Y brillaba, relucía tanto como el mismo oro. Sonreía tímidamente, dejando que el sol bañara su rostro. Seguía con las manos en las rejas. Apretaba con fuerza, yo lo sentía. No podía ser más feliz. Empezaba un nuevo día para ella y terminaba el último para mí. Lanzó un último beso al aire y yo lo cogí. Os juro que lo guardé para siempre, aunque para siempre solo fuese un instante.

Con la misma piedra

Voz n.º 10

Mi voluntad a los pies de la tuya.

Creí que el mundo se había parado bajo mis pies. Locamente enamorada en cuestión de segundos. No dudé ni un momento. Me dedicaría a hacerle feliz el resto de mi vida. Pasó a ser una de mis prioridades. También una debilidad, pero no podía evitarlo. Mi corazón estaba hechizado. Sus ojos me cegaron desde la primera vez que me miraron y yo solo supe responder con lo mejor de mí. Por eso, le entregué todo mi amor con toda mi alma.

Fue duro, pero a pesar de que estaba rota, pude reconstruirme con cada sonrisa que me regalaba. Y es que al principio todo fue de película. Me hizo sentir como la princesa del cuento. Más de una vez me liberó de mis rejas y luchó contra alguno de mis miedos. Yo me sentía eternamente agradecida por ello.

Así mi amor fue creciendo a la velocidad de la luz, como los rayos del sol. Un amor más que intenso, de los que te quema y te aviva por dentro. Dependiente de él, como una verdadera droga, hasta tal punto que llegué a creer que no habría nada más allá. Lo amaba desmesuradamente. Y justo cuando estaba en ese punto de éxtasis, las cosas dieron un giro inesperado.

Yo seguía con mi amor loco, pero él no era el mismo. Algo había pasado. Algo había cambiado. Tal vez mis tonterías ya no le hacían gracia o quizás solo era una mala racha. Casi todas las parejas atraviesan algo así a lo largo de su relación o, por lo menos, eso pensaba yo. Pero la situación estaba durando demasiado y ante el miedo de que acabara consumiéndome y que eso acabara conmigo, decidí averiguar qué estaba pasando. Y después de todo no sé si a veces es mejor vivir en la ignorancia que saber la verdad. Me volví loca. Me obsesioné con todo eso y llegué a desconfiar hasta de mi sombra.

Y es cierto sí. Aquella noche lo seguí. Tres calles por debajo de la mía. Justo donde empezaban los chalés, uno blanco de dos plantas con la verja negra. Sin querer, se dejó la puerta abierta. Y entonces vi. Vi como ella se servía una copa de vino. Vi como se humedecía los labios con su lengua. Vi como tú le agarrabas la cintura. Vi como le soltabas el pelo y como sus mejillas adquirían un color rojizo. Vi entonces cómo la mirabas y cómo ella te miraba a ti. Y lo entendí. Entendí que había amor, porque justo esa era la manera en que te miraba yo. Sabía lo que era amar tanto a alguien. De vuestros ojos saltaban chipas. Me pregunté entonces si alguna vez me miraste así también.

A pesar de que estaba destrozada, te perdoné. Sabía que en el corazón no se mandaba y que nadie elegía de quién se enamoraba. Pero me sentía engañada, usada y decepcionada. Me merecía la verdad. Decidí guardar silencio. Aun muriéndome por dentro, aguanté cuanto pude para ver hasta donde sería capaz de llegar. Seguimos juntos algún tiempo, prácticamente sin tocarnos, sin profesarnos ninguna clase de amor. Ninguno dábamos el paso. Una tarde, al borde del colapso, decidí ponerle fin a la farsa que habíamos creado. Mi amor estaba muerto y mi corazón congelado. En mi alma no había compasión ni tampoco rencor, simplemente no había nada. Estaba vacía. El tiempo había cicatrizado y había reconstruido mi ser como había podido. Le conté todo lo que sabía. Casi no le dejé hablar. Tampoco hacía falta. Para mí era el fin de la historia y estaba poniéndole el punto que era necesario. Ya estaba harta de cambiar de párrafo sin añadir nada nuevo. No había nada más.

Después de desahogarme, esperé con ansia su respuesta para así poder reprocharle todo lo que había hecho. Estaba paralizado. No supo reaccionar a tiempo. Por un momento, algo dentro de mí me dijo que mantuviera la calma. Tal vez aún quedara algo de bondad en mi interior. Me senté en el sofá y apoyé mi cabeza sobre el respaldo. Cerré los ojos. Quería evadirme de allí.

A punto de conseguirlo sentí un pequeño escalofrío. Un suave susurro llegó a mi oído e invadió cada uno de los rincones de mi ser. Esa voz despertó la vida dentro de mí. Esas palabras traspasaron mi alma y se clavaron en mi corazón. Atravesaron el hielo e hicieron que latiera con más fuerza que nunca. Tal vez estaban enmascaradas de mentiras, pero no pude resistirme a ellas. Supe entonces que estaba completamente perdida, que era completamente suya y que siempre lo sería. Mi puta droga. Un leve te quiero, sí. Solo fue eso.

A primera vista

Voz n.º 11

Solo tras conocerte entendí qué era eso del amor a primera vista.

Empezamos con dos besos, nuestros nombres y un cortés «¿qué tal?». Sonrisas primerizas y miradas inocentes. Lo típico, supongo. De vez en cuando intercambiamos alguna palabra, alguna carcajada y hasta algún roce tonto. Pero después todo cobró más vida, mucha más. Surgió una química abrasadora. Tal vez fuera la peli, la cama o la simple excusa de un masaje. El ambiente estaba cargado de una energía demasiado positiva. En algún momento iba a explotar. Sentía que si cruzaba la mirada contigo un segundo, no sería capaz de separarme de ti nunca más.

Y al final, entre risas tontas y comentarios absurdos, nuestros labios se fundieron en un cálido beso. Podían notarse las ganas y el deseo que teníamos el uno del otro. Acabamos enredados entre las sábanas. Recuerdo cerrar los ojos mientras tú me observabas. Recuerdo sentir tu mirada atravesándome con cada pestañeo que dabas. Y tras una noche de placer intenso, abrí los ojos y allí estabas tú, respirando lentamente, calmado y relajado, despeinado y sin camiseta, con tus piernas enredadas en las mías. Me quedé contemplando aquello varios minutos, hasta que no pude más y te acaricié la espalda. Vi cómo te estremecías y cómo la piel se te erizaba al entrar en contacto con mis uñas.

Entonces abriste los ojos y sonreíste. Creo que en ese momento descubrí que el amor a primera vista no era un simple mito.

Me dijiste «guapa» y volvimos a fundirnos a besos. Te quedaste mirándome fijamente a los ojos, sin decir nada, ni una sola palabra. Mientras tanto, yo por dentro estaba hecha un completo manojo de nervios. Sentía la intensidad que desprendían tus ojos. Y así, día tras día, noche tras noche, abriendo y cerrando los ojos a tu lado. No hubiese pedido nada mejor, porque lo mejor estaba allí, cara a cara conmigo. Decías que querías pasarte la vida mirando mis ojos verdes, que te perdías en ellos cada vez que los abría. No te voy a decir lo que sentía en esos momentos porque no hace falta. Podías intuirlo, creo yo.

Pero todo lo bueno dura poco. Los dos sabíamos que en algún momento tendríamos que despedirnos. En nuestras manos quedaría la tarea de mantener lo que habíamos construido. Tenía ilusiones, no te lo voy a negar, y aún las tengo. Cuántas ganas me dejaste al darme el último beso. Me rompí por dentro e intenté abrazarte lo más fuerte que pude, por si tal vez nunca más nos volvíamos a ver. Y es que no me hago a la idea de no tenerte aquí. Echo de menos cada paso, cada cosa que hacías y cada cosa que me decías. Me la jugué, lo sé. Quizás abrí mi corazón demasiado pronto y viví con demasiada intensidad cada momento. Y sé que ahora me ahogo en un mar de dudas, de miedos y temores, porque no soporto la idea de perderte y porque me mata no verte. Pero no pudo ser una mentira; al menos, eso quiero creer. Tú me sentiste, al igual que yo a ti, y todo lo que nos dimos tuvo que ser de verdad.

Frío

Voz n.º 12

*Ni siquiera el frío pudo acabar con todo el amor que un día
me hiciste sentir.*

Frío. Muerta de frío. Tenía el corazón helado. Escalofríos recorrían todo mi cuerpo. Un nudo en el pecho no me dejaba casi respirar. Solo quería llorar, desahogarme y expulsarlo todo, pero tú seguías ahí dentro, clavado en mi pecho. No podía deshacerme de ti, porque sabía que si lo hacía, me quedaría vacía. No es que le tuviera miedo a la soledad, tenía miedo de perderte a ti, de que te fueras y nunca más regresaras. Pero necesitaba gritar, gritar lo más fuerte posible. Tenía que irme lejos, lejos de ti; sin embargo, necesitaba sentirte más cerca que nunca.

Hubiera dado todo lo posible porque vinieras a salvarme. No era tan difícil, creo yo. ¿Acaso no te dabas cuenta de que te lo estaba diciendo a gritos? Te necesitaba a ti, a tus brazos, a tu calor, y no estabas. ¡Joder, es que nunca estabas! Hiciste que mi angustia y mi desesperación crecieran cada día más. Estaba perdida. Ya no sabía cómo llamarte, cómo hacer que te dieras cuenta de que estaba esperándote. Te amé más que nunca, pero también te odié al mismo tiempo. No sé si estabas ciego o era yo que no sabía explicarme. Yo creo que me entendías, y creía muchas cosas más, aunque todo se fue desmoronando en pedazos.

Nuestro rompecabezas estaba destrozado, pero no más de lo que estaba mi corazón. Ojalá hubieses sentido todo el frío que me recorría por dentro. Cada minuto me volvía más de hielo. Mi cuerpo iba dejando de sentir poco a poco. Los recuerdos intentaban oponer resistencia. Querían mantenerte ahí. Y supongo que por un momento una pequeña llama logró quedarse encendida. En el fondo yo sabía que sería cuestión de tiempo que se apagara. Aun así, el hielo me quemaba, me abrasaba por dentro. Me hacía daño, pero no tanto como el que me hacías tú. Eso era más fácil de soportar. Creo que nunca había llorado tanto. Y me maldecía por no ser fuerte, por dejar que tu amor me atormentara de esa manera.

Otra vez me sentía atrapada entre aquellas rejas. Y te juro que las sujetaba con fuerza, pero no podía acabar con ellas. Tú seguías sin venir y, siendo sinceros, sabía que nunca vendrías. Quería salir de allí, pero poco a poco iba desfalleciendo. Mis fuerzas se agotaban con cada suspiro. Tenía los ojos hinchados, podía notarlo. Las pestañas se pegaban unas a otras con pegotes de rímel. Mis mejillas estaban frías y llenas de lágrimas que brotaban sin parar. Algunas resbalaban por mi cuello y me erizaban la piel. Mi boca estaba seca y mis labios agrietados. Me dolía la cabeza, tanto que sentía que en cualquier momento perdería las fuerzas y me caería. Todo mi cuerpo temblaba.

Encendí un cigarro para tratar de calmarme. Di una calada y aspiré lo más profundo que pude. Sentía como el humo me llenaba los pulmones. Lo retuve conmigo unos segundos y lo solté con fuerza. Con cada calada veía como se consumía el cigarro. Poco a poco, dejándose llevar, como yo. Yo también me estaba consumiendo, pero precisamente no era en tus labios. Hubiese dado cualquier cosa por haber sido el filtro que llevaras a tu boca con los extremos de los dedos de tus manos. Al menos, así habría tenido un último contacto contigo, aunque solo hubiera sido una vez. Para mí, suficiente. Fumé cuanto pude, hasta que perdí la consciencia. Solo recuerdo sentir el calor de unas llamas alrededor de mi cuerpo. Al despertar, todo era cenizas, polvo que se movía por el espacio.

Y ya no había rejas, ni nudos. No había frío, ni tampoco calor. No había nada, solo motas que flotaban en el aire y que volaban lejos. Solo así me sentí libre. Liberada de un corazón que estaba obcecado contigo. Liberada del deseo incontrolable de tener que amarte.

Puerta cerrada, ventana abierta

Voz n.º 13

A veces, los finales pueden ser los inicios de nuevos comienzos.

Lo sé. Por fin se corrió la voz. Ya era hora. Terminamos la historia que tantas veces quiso tener un principio. Aquella que tantas veces, juramos y perjuramos que no tendría fin, sempiterna. Las ilusiones y el empeño se vieron reducidos con el paso de los años, porque sí. Al fin y al cabo, ya hacía mucho tiempo y, aunque no quisimos darnos cuenta, crecimos a su ritmo. En todo ese tiempo aprendimos. Mucho diría yo. Pero también nos conformamos y nos acomodamos a la situación en la que estábamos. Y claro, todo pierde color, todo pierde interés. Y entonces, aparece la desgana, el aburrimiento y el pasotismo. Y, cómo no, las chispas no saltan, el fuego se apaga y las mariposas ya no tienen motivos para seguir volando. Así, nosotros mismos, poco a poco, día tras día, fuimos escribiendo aquel final al que tanto temíamos.

Después fue muy fácil echarse la culpa; sacar a la luz todo aquello que no soportábamos del otro; reprocharnos todas aquellas veces que nos quedamos con la palabra en la boca. Fue muy fácil ocultar nuestros propios errores, pero en el fondo los dos éramos conscientes. Y discutimos y nos echamos en cara todo lo que quisimos, y más que nada todo lo que no sentíamos; sin embargo, lo dijimos, sin importarnos lo más mínimo si al otro le dolería o no. Sí, a ese mismo ser al que tiempo atrás le jurabas amor eterno y del bueno.

Por todo eso dejé de creer en la magia. Dejé de tratar al amor como si fuera ese sentimiento idealizado que puede con y contra todo. Me resigné a pensar que por una vez había sido suficiente y no quería más. ¿Para qué tropezar dos veces con la misma piedra? Sería mejor apartar del camino toda aquella que estuviera por medio. Estaba claro que yo tampoco iría en busca de ninguna. Pero entonces, en mi más absoluta convicción, mi subconsciente planteó en mí una duda, una pequeña cuestión que hizo que me quitara el sueño más de una noche.

¿Y si tal vez una vez no fuera suficiente? ¿Y si tal vez lo que sentí no fue amor? ¿Y si tan solo fue un cariño muy fuerte e intenso que se forjó poco a poco? ¿Y si tal vez los sentimientos solo hubiesen sido producto de nuestro roce? ¿Y si todo hubiera sido conformismo? En ese caso, cerrarme en banda solo me mantendría en la ignorancia.

Tras muchas reflexiones, quebraderos de cabeza y llantos nocturnos, decidí qué haría. Cambié la manera de enfocar el problema. No cerraría ninguna puerta, pero tampoco la buscaría. En el caso de que alguien consiguiera llamar mi atención, iría con cuidado. Gracias a ti aprendí que es mejor tomárselo con calma. A veces, merece la pena ir más despacio. Me di cuenta de todo aquello que no quería y de todo aquello que no estaría dispuesta a repetir.

Tuve claro que no me callaría y que sería yo misma en todo momento. Entendí que era lo mejor. Porque así, si la historia se acababa, no habría reproches que hacer a destiempo. Como suelen decir, cada cosa en su momento. Aprendí que no tenía que pensar en el futuro y que pensar en que siempre estaríamos juntos era una idea absurda. Me lancé a vivir y a exprimir el momento, a dejarme llevar, a guiarme por el corazón siempre, aunque las consecuencias fueran fatales. Porque por muy mal que todo saliera, después de ti supe que de cada caída te levantas. Más tarde o más temprano, con más o menos ayuda, pero lo haces, como yo lo hice.

Y es curioso cómo, de repente, la vida puede darte un giro inesperado. Cómo las cosas pueden venir sin que las pidas o cómo alguien se te puede cruzar en el camino. En ese momento estás tú y solo tú. Y decides. Porque la otra persona te sonríe y, claro, tú te resistes. Nada de caer a la primera, pero en el fondo quieres. Necesitas desesperadamente sus brazos y sentir su olor. Las mariposas empiezan a aletear en tu vientre. Y eso no se para, ya no, pero te empeñas en ponerte la coraza.

Sin embargo, algo hace clic en tu mente, en tu corazón y en tu alma. Decides. Das el paso sin que te importe nada. Caes en la red. Te metes en la boca del lobo, porque quieres, porque lo has decidido, porque ya sabes lo que no quieres. Y a lo mejor acaba mal, puede ser. La mitad de las probabilidades lo indican. Pero si tiene que pasar, que pase. Como sea, con quien sea y cuando sea. Así, sin más, sin buscarle razones, ni tampoco motivos.

Lo que tienen las despedidas

Voz n.º 14

Antes de irte, por favor, deja que te mire una última vez.

Antes de irme, sentí tu mirada clavándose en mi espalda. Pude notar el frío, el frío gélido que venía de tus ojos; sin embargo, no logró paralizarme, no esta vez. Un escalofrío recorrió mi cuerpo, pero seguí caminando. Ya no teníamos nada más que decirnos. Tú te quedaste ahí, quieto, mientras la lluvia caía sobre tus hombros. Nos habíamos destrozado. En voz baja me atreví a susurrar un pequeño «lo siento», pero no pudiste oírlo. Mi orgullo no me dejaba echar la vista atrás, pero mi corazón, tan compasivo como siempre, me dio un vuelco.

Me giré. Sabía que si no lo hacía, no iba a poder perdonármelo nunca. Y ya no estabas. Ni rastro de ti. Me quedé quieta. Sentí la lluvia sobre mis hombros. Decidí buscarte entre la gente, pero no te encontré. Ni siquiera pude pronunciar tu nombre una última vez antes de despedirme.

De verdad que se había roto. Cada pieza de nuestro puzle se perdía con cada paso. Era imposible reconstruirlo y, lo peor de todo, es que lo sabíamos. Así que agaché la cabeza y emprendí de nuevo mi camino. Me pesaban los recuerdos, no te imaginas cuánto. Fui deshaciéndome de ellos, uno a uno, con cada lágrima que se me caía. Era lo mejor. Tenía que pasar página, avanzar. Seguro que tú también lo hiciste. Seguro que tú también los borraste. Supongo que olvidar era nuestra única opción. Lo último que podíamos tener en común.

Pasó mucho tiempo, sí, pero nunca logré olvidar que me partiste el corazón. Reconstruí cada trozo como pude, cogiendo de aquí y de allá, estando perdida en infiernos en los que probablemente tú estabas perdido también. Conseguí salir más fuerte, pero no más feliz, aunque contigo tampoco lo era. No pude soportar una decepción tan grande y por eso, después de tanto tiempo, aún me acuerdo. Tal vez tú también lo pienses y quizás incluso te maldices en silencio por no haber sabido quererme. Seguramente ya no te importe mucho. Según dicen, alguien nuevo ocupa tu corazón. Que te has enamorado locamente como nunca lo habías hecho. Que la amas ciegamente desde el primer momento en que la viste. Cuánto me suenan esas palabras.

Gracias a eso me demostraste el valor de tus promesas, y me di cuenta de cuán ciega estaba, tanto que me asusta. Lo que aún no entiendo es que nunca fuiste capaz de decirme adiós, ni siquiera en nuestro último encuentro. A lo mejor nunca quisiste que lo fuera. Tal vez por eso me esperaste, pero no supiste ser paciente. O fui yo, que no supe reaccionar a tiempo. Mi corazón no quiso hacerlo. No podía permitírselo. No era justo para ninguno de los dos. Era mejor así. Tú en un extremo y yo en otro, sin tocarnos, sin vernos, sintiéndonos en la lejanía de nuestro espacio. Había que ponerle fin, o el fin se interpondría entre nosotros. Y después de todo parece que te fue bien o, por lo menos, eso es lo que parece. Pero por una vez pienso engrandecerme. Realmente sabes que te engañaste. Ibas dando palos de ciego, intentando encontrar todo lo que yo te di, tan orgulloso como siempre. Preferías romperte antes que doblarte. Puedes fingir ser el más feliz y puede que incluso el mundo entero te crea. Pero tú no lo harás, nunca lo harás, y en el fondo lo sabes. Y yo tampoco lo haré. A mí hace tiempo que dejaste de engañarme.

En las malas,
pero en las buenas más

Voz n.º 15

¡Qué bueno es rodearse de personas que te hacen reflexionar!

Cada día me doy más cuenta de la soledad que nos rodea, del puto interés. Que sí, que nos movemos por eso. Y lo peor de todo es que nos hemos acostumbrado y nos seguimos llamando amigos sin preguntarnos ni un mísero «¿qué tal?». Sin embargo, a efectos visuales, nos queremos como nadie y nos hartamos de decir que estaremos en las malas, porque se supone que en las buenas estamos más que de sobra. Entonces, me paro un momento y pienso.

Recuerdo una conversación que tuve el otro día con alguien especial. Hablamos de todo esto, y hubo algo de todo lo que dijo que se quedó grabado en mi cabeza. Dijo que estaba bien eso de estar siempre en las malas y que obviamente era algo importante, porque muy pocas personas normalmente lo están, pero ¿y en las buenas?, ¿qué pasaba con las buenas? ¿Realmente podías llamar amigo a alguien que no era capaz de preguntar por ti, ni saber de ti un día tras otro? Me vi reflejada en aquellas palabras. La muy sabia me hizo sentir culpable, pero en el fondo sabía que tenía razón. Sus palabras tenían el suficiente peso como para herirme. Y pensadlo a fondo: tenía tanta razón… Eso no significaba que tuvieras que estar todo el día pendiente de todo aquel con el que mantuvieras una amistad. Pero si querías mantener algo, tenías que cuidarlo, poquito a poco, y a veces el interés lo olvidábamos.

Entonces pensé en cuántos mensajes tendría que haber mandado y a cuántas personas tendría que haber llamado. Pensé también en cuántas ya no estaban, ya no formaban parte de mi vida; en cuántas seguían haciéndolo y en cuántas había nuevas. Y me agobié. Como para no.

Pero lo cierto es que cuando queremos dedicamos tiempo, aunque no lo tengamos, aunque sean cinco minutos entre la salida de casa y la entrada del metro, aunque sean las doce caladas que dura un cigarro. Cuando queremos buscamos. Y, al final, todo se reduce a una cuestión de prioridad. Porque es verdad. Somos egoístas y priorizamos. Con todo y con todos. Y no es algo malo. O sí. Sinceramente no sé hasta qué punto.

Lo que sí es cierto es que podemos perder muchas cosas inconscientemente. A veces, ese «ya nos veremos» o ese «pronto quedamos» deberían sustituirse por fecha y hora. Porque en ese momento a lo mejor no vemos que la persona lo necesita, nos necesita y lo peor de todo es que no nos damos cuenta de que nosotros en parte también lo necesitamos. Cuando nos sentimos vacíos, en esos días en los que WhatsApp permanece inmóvil, sin ningún mensaje, sin nadie que nos pregunte, sin nadie que nos proponga. Es ahí, justo el momento en que buscamos en la agenda, desesperados, a ver si entre los contactos encontramos a alguien que nos haga un hueco.

Pretendemos que alguien nos dedique su tiempo porque necesitamos desahogarnos. Y, claro, a ese alguien le llamamos amigo y si es amigo, tiene que estar a nuestro lado para lo que necesitemos. Tiene que estar siempre. Egoísta, egoísta, egoísta.

Aunque lo hagamos sin maldad, aunque realmente queramos a la persona con todo nuestro corazón, aunque sepamos que si le pasa algo saldríamos corriendo los primeros. A pesar de todo eso, seguimos siendo egoístas. Y lo seguiremos siendo, porque somos humanos y nos equivocamos. Pero intentemos conservar a toda esa gente que nos rodea y que nos aporta tanto. Que no nos dé pereza un mensaje o tomarnos un café un miércoles a las cuatro (siempre que se pueda claro).

Y pongámonos en otras pieles para entender la soledad. Valoremos a aquellos que están y que aún se mantienen. Por lo menos, hagámoslo en memoria de los que se fueron y no volvieron. Mostrémosles a los nuevos que somos una buena razón para quedarse.

A la deriva

Voz n.º 16

Virtuosos aquellos que saben esperar.

Viajábamos sin rumbo,
perdidos en aquella maraña de momentos.
Buscando labios a los que besar,
pero ningunos eran los correctos.
Oíamos voces.
Aquí y allá.
Nos incitaban a seguir sus caminos.
Despertaban deseos y curiosidad,
pero también miedo.
Sentimos caricias.
Algunas conseguían erizar nuestro vello.
Otras nos electrizaban hasta sentir dolor.
Muchas ni siquiera tuvieron repercusión.
Como si no existieran.
Así que seguimos navegando.
Las dudas crecían en aquel mar de desamparados.
Nos preguntábamos cuándo.
Cuándo llegaría el momento de cruzarnos,
de encontrarnos.
El tiempo pasaba despacio
y la eternidad nos consumía a pedazos.
Pensamos en rendirnos.

Ya estábamos hartos.
Sufriendo desconsolados,
solos y vacíos,
Sin nadie que consiguiera sacarnos,
liberarnos de aquel infierno,
Donde el deseo y la pasión se fusionaban
en el sexo de una noche y nada más,
olvidando al amor,
teniéndolo encerrado
en lo más profundo de los corazones.
Nadie quería liberarlo,
salvo nosotros.
Pero las distancias a recorrer parecían infinitas,
y no sé si alguna vez llegamos a estar
lo suficientemente cerca
como para encontrarnos.
¡Maldito destino!
Nos metió en la cabeza una idea de mentira,
enmascarada de palabras bonitas
y sensaciones únicas.
Nos vendió una felicidad desconocida,
pero maravillosa.
Nos llenó de esperanza,
pero también la consumimos.
Así que dejamos de buscarnos
entre las almas perdidas.
Decidimos cambiar el destino.
Olvidamos aquella idea del amor.
Y nos lanzamos al abismo de la lujuria.

Fantasmas del pasado

Voz n.º 17

Y qué verdad es esa de que el pasado siempre vuelve.

El tiempo había pasado. No tanto como el que imaginábamos, pero sí el suficiente para habernos cambiado la vida por completo. Me sentí rara. No reconocía aquello que veían mis ojos. Aquella mirada que antes me desnudaba ahora era solo una más entre las tantas que había alrededor de la barra. No hubo contacto. Tampoco chispa. Parecía que el fuego se había apagado de verdad.

Empecé a preguntarme entonces qué había pasado. Busqué excusas que explicaran la situación que teníamos, pero nada servía. Un nudo me aprisionaba el estómago y, sin querer, una pequeña lágrima intentó nacer en la cuenca de mi ojo derecho. Le dije que no. No era el momento. Allí no. Se quedó inmóvil y no fue capaz de caer. Reprimí sus deseos de libertad y seguí fingiendo que todo estaba bien y que allí no pasaba nada. En realidad, había llorado demasiado tiempo atrás. Ya era hora de tener un poquito de orgullo y no dejarme vencer así como así por los sentimientos.

Le di un trago fuerte al vaso de ginebra que me había pedido. Sentí cómo me bajaba por la garganta y cómo me quemaba a su paso. Lo miré entre tantos. No lo encontraba y empezaba a ponerme nerviosa, temiendo que se hubiera ido. De repente, alguien a mi lado en la barra pidió ron con Fanta de naranja. Entonces lo supe. La voz era inconfundible, y yo en ese momento un puto flan. Involuntariamente giré la cabeza y nuestras miradas se cruzaron. Pude notar el efecto que causaba en él con solo mirarle. Salivaba, pestañeaba con rapidez y se pasaba la mano por el pelo y el cuello. Esa tensión, esa química que siempre nos caracterizaba.

Sin apartar la vista de él ni un segundo, me eché el pelo hacia un lado, dejando que mi melena alborotada cayera sobre mis hombros totalmente despeinada. Mis mejillas estaban un poco ardientes y mis labios se movían con delicadeza y a la vez vorazmente. Deseo. Eso pedían y los gestos lo gritaban en mayúsculas. Noté como siguió cada uno de mis movimientos y como cada vez la distancia en la barra se hacía más corta. Tal vez no pasamos desapercibidos aquella noche, pero cualquiera que se fijara se daría cuenta del amor que irradiábamos, de la necesidad que teníamos el uno del otro con solo mirarnos.

Pero después de unos minutos alguien lo llamó desde el otro lado. Él soltó la copa con rapidez y los nervios de apoderaron de su expresión. Sabía que no debía estar ahí y mucho menos conmigo. Desde el otro lado su novia nos miraba con recelo y enfado. Yo simplemente le devolví la mirada. Él se despidió cordialmente y se marchó con ella. Supe que le caería una buena, pero, al fin y al cabo, fue él quien quiso acercarse, fue él quien vino. Yo juré que me mantendría alejada, aunque tuviera que reprimir cada deseo, cada gana. Supe que lo nuestro seguía vivo en alguna parte de su alma y aquella noche salió a la luz. No pudimos reprimir lo que sentíamos y toda la gente allí presente pudo darse cuenta. Cogí el bolso y salí de allí.

Mientras andaba de camino a casa iba pensando en si escribirle o no. Borré el mismo mensaje unas diez veces hasta que decidí que mejor no. Tenía que mantenerme alejada. Era mejor así. Doblé la esquina para entrar en mi calle. Los zapatos me estaban matando, así que decidí quitármelos y andar descalza el tramo que me quedaba. Para mi sorpresa alguien estaba sentado en el escalón de mi puerta. Estaba oscuro, pero la camisa me era familiar. Y lo supe. Pero ¿qué cojones hacía allí? ¿Y si alguien nos veía? Nos meteríamos en un buen lío.

Se colocó de pie delante de mí y, sin darme tiempo siquiera a coger aire para hablar, me besó. Fue un beso extremadamente apasionado, como si lo llevase anhelando desde hacía mucho tiempo. Entonces un deseo desenfrenado me empezó a recorrer de arriba abajo. Intenté pararlo, pero era inútil. No tenía nada que hacer contra él. Nos montamos en su coche y nos fuimos. Los dos sabíamos a dónde y sabíamos lo que significaba. La íbamos a cagar. Otra vez.

Huyendo de mí

A veces, ya no es posible mirar atrás.

En aquel tremendo letargo algo en mí despertó de nuevo. Volví a sentir la calidez y el frío. Me dejé iluminar por los rayos de aquel sol de mediodía. Brillaba y resplandecía bajo sus alas. Qué bien me sentaba. Había estado tanto tiempo en la oscuridad que no recordaba aquella sensación. El mar estaba más azul que nunca. Algunas olas rompían con fuerza junto a las rocas. Otras, sin embargo, permanecían rezagadas y les costaba llegar a la orilla. No pude evitar que aquello me recordara un poco a mí.

Aquel cuadro tan pintoresco se veía desde la ventana de mi pequeña habitación. Si te fijabas bien, los detalles se hacían cada vez más visibles. Podías notar el olor a sal, la humedad y cómo el sol iluminaba mi cuerpo. El ruido del agua era una melodía de fondo que resonaba por todas las paredes de la casa. El viento mecía a su vez las cortinas, y la brisa que entraba por la ventana me regalaba un poco de aire fresco. Todo aquello era embriagador. Había pasado mucho tiempo allí, pero nunca había aprendido a mirar como lo hice esa tarde.

Ese mar te inundaba el alma de paz y tranquilidad con solo mirarlo. Podías sentirlo e incluso fundirte con su sintonía y su ritmo de vida. Con cada oleaje se renovaba y era capaz de dominar los más arduos temporales. Yo lo envidiaba. Lidiaba con cualquier batalla que se le pusiera por medio. Ansiaba su fuerza, su tenacidad y su coraje. Esas cualidades en mí se habían esfumado.

Hubo un tiempo en el que me sentí así. Llena de vida, capaz de afrontarlo todo. Desprendía fuerza y alegría, y eran muchos los que querían tenerme cerca. Sin embargo, hacía ya mucho tiempo de eso. Había pasado los últimos cinco años encerrada entre estas paredes. Había recorrido cada centímetro de ellas y, aun así, me seguían pareciendo interminables.

Muchos se preguntaron por qué me encerré, pero, siendo sincera, ni yo misma sabría contestarme. Supongo que hoy ya no se acordarán de que me fui. Tal vez tú creyeras que tenías algo que ver. Puede que sí o puede que no. Lo más probable es que quién sabe. Seguro que mis palabras te suenen más de la cuenta. Pero no, siento defraudarte. Fue algo mucho más importante que tú lo que acabó destrozándome.

La culpable fui yo. Yo y solo yo. Dejé que el vacío me atrapara y yo misma me enredé en esta maraña de desdicha. He de decir que los primeros meses aquí fueron horribles. Rechacé todo lo que conocía y me interné aquí. Me alejé de todos a los que quería y nunca más supe de ellos. Nunca dije a dónde me fui. No dejé que me buscaran. Sé que causé un daño irreversible, pero no podía echarme atrás después de todo. Mi decisión fue inamovible. Así que aprendí a vivir aquí y poco a poco conseguí sobrellevarlo. Traté de ser feliz de otra manera y conseguí acabar con la necesidad de tener tus besos a cada paso. No negaré que echar de menos fue una de mis debilidades. Lo hacía mucho, pero me causaba tal dolor que me obligué a olvidar. Me torturé muchas noches al sur de mi cama, pero cada amanecer logró llenarme con un poco de esperanza.

Después de estos años me he dado cuenta de que sigo queriendo estar aquí. Por suerte, ya casi no me duele y ya no tengo razones, ni tampoco motivos para volver.

Todo lo que no te dije

Voz n.º 19

54 motivos son solo el principio.

Lo que no te dije es cuánto me dejas siempre
con las ganas.
Lo que no te dije es que quería besarte por la ventanilla después
de bajarme del coche.
Lo que no te dije se quedó en aquellos silencios
de camino a casa.
Lo que no te dije intentaba brotar de mis ojos
cada vez que te miraba de incógnito.
Lo que no te dije pesa tanto que a veces siento
que voy a escupirlo de golpe
y entonces no te enterarás de nada.
Lo que no te dije era sencillo,
pero, a la vez, difícil de explicar.
Lo que no te dije a veces no sabía de palabras.
Lo que no te dije prefería expresarse con caricias
o con te quieros sin nombrar.
Lo que no te dije era que quería más cosquillas
cuando no era capaz ni de respirar.
Lo que no te dije es que me dejabas boquiabierta
cada vez que salías de la ducha con ese pelo mojado.
Lo que no te dije es que tus legañas
eran más bonitas en ti,
más que en nadie por las mañanas.

Lo que no te dije estaba en papel,
dentro de un sobre al fondo del último cajón
de la mesa de mi escritorio.
Lo que no te dije fueron diez borradores de Word
que se amontonaron en carpetas.
Lo que no te dije lo escribí
con mis dedos en tu espalda.
Lo que no te dije lo ahogué con cada gemido.
Lo que no te dije me hacía más tuya
y a ti cada vez más mío.
Lo que no te dije a veces dolía.
Lo que no te dije puede que no fuera necesario.
Lo que no te dije fue una mentira.
Lo que no te dije tenía un color extraño.
Lo que no te dije pudo ser diferente.
Lo que no te dije me permitió más tiempo.
Lo que no te dije me dio más detalles.
Lo que no te dije me presentó a tus manías.
Lo que no te dije reveló muchos de tus secretos.
Lo que no te dije fue que yo formaba ya parte de ellos.
Lo que no te dije dispersaba mi mente.
Lo que no te dije fingía que todo estaba bien.
Lo que no te dije me llenó de impaciencia.
Lo que no te dije te pedía perdón en voz baja.
Lo que no te dije sabía mucho más.
Lo que no te dije mis ojos lo gritaban.
Lo que no te dije pudo quedarse en el aire.
Lo que no te dije fue que la lista era infinita.
Lo que no te dije eran mil razones.

Lo que no te dije fueron tardes de domingo.
Lo que no te dije me desveló alguna que otra noche.
Lo que no te dije lo canté bajo la ducha.
Lo que no te dije latía al ritmo de mi corazón.
Lo que no te dije confió más en tu persona.
Lo que no te dije superó muchas barreras.
Lo que no te dije enfrentó a mis miedos.
Lo que no te dije no fueron
más que diez caladas de un cigarro.
Lo que no te dije me enseñó a querer de una manera que yo
no sabía.
Lo que no te dije estaba en mis sueños.
Lo que no te dije es que todos hablaban de ti.
Lo que no te dije olía a Calvin Klein.
Lo que no te dije se quedó marcado en tu pijama.
Lo que no te dije prefería tu lado de la cama.
Lo que no te dije es que era porque sabía a ti.
Lo que no te dije es sempiterno.
Lo que no te dije no lo sé medir.
Lo que no te dije todavía lo intento.
Lo que no te dije, amor mío,
lo intento intentar por aquí.

Los sueños se hacen realidad

Voz n.º 20

Sé paciente, porque cuando menos te lo esperes,
los sueños estarán llamando a tu puerta.

Hoy he sentido miles de emociones. He visto mi sueño cumplirse en un abrir y cerrar de ojos. Aún recuerdo cuando de pequeña soñaba con ir a la universidad. Tenía muchas opciones en mente, pero un profesor marcó mi vida para siempre. Me hizo descubrir lo que era la Biología. Nos presentó en una clase de 3º de ESO y desde el primer día nos hicimos amigas. Desde el principio supe que sería dura nuestra amistad, que nos llevaría mucho tiempo profundizar la una en la otra y, sobre todo, que tendríamos que aprender a entendernos. No iba a ser nada fácil, pero suponía un reto de lo más atractivo.

Pasó el curso y vino el siguiente. El comienzo había sido bueno, pero lo que venía ahora era una Biología diferente. Otra cara, otra perspectiva. Nuevos conceptos que asimilar y, aun así, sentía que un mundo nuevo se abría paso hacía mi intelecto a una velocidad que no me daba ni cuenta. Cuando quise abrir los ojos, 1º de Bachiller me pisaba los talones. Descubrí nuevas personas tan apasionadas y amigas de la Biología como lo era yo. La disfruté y hasta me propuse ganar algún día un Nobel, aunque sé que de Biología no hay. Supongo que mis expectativas crecieron a la velocidad de la luz. Segundo fue decisivo. Era el momento. Marcaría nuestro futuro para siempre. Recuerdo las charlas y las noches de estudio con mi amiga Irina, mientras soñábamos que algún día seríamos biólogas. Cómo nos gustaba aquello. Y cuánto nos consolamos, porque la asignatura de Biología no nos lo ponía nada fácil. Demasiado contenido en tan poco tiempo. Un universo que asimilar comprimidos en catorce temas de un libro. Difícil, pero no imposible.

Aunque por circunstancias de la vida, Biología se me resistía, se hizo de rogar. Entré en la universidad, pero de la mano de Geología. Para colmo, Biología y Geología compartían el mismo edificio. Y yo ahí, separada de mi sueño. La veía todos los días, pero nuestra amistad se distanciaría por un año; sin embargo, descubrí cosas fascinantes en el otro lado. Hice grandes cosas y conseguí muchos logros. Algunos de ellos todavía perduran. Encontré gente maravillosa que me aportó cosas increíbles. Conocí a otra soñadora que aspiraba a ser bióloga tanto como yo. Y al final lo conseguimos, Miri.

Un año y estábamos ahí en la puerta de primero. Qué duro el primer día. Si no hubiera sido por aquel chico de las dilataciones que se acercó a preguntarme, a lo mejor hoy no estaría donde estoy. Qué maravilla. Descubrí a mi compañera de vida, aunque si os digo la verdad, no recuerdo en qué momento nos dirigimos la palabra por primera vez. Y desde entonces, aquel chico, mi compañera y yo nos hicimos uno; sin embargo, un descubrimiento más se unió a nuestra unidad. Aquel listillo que sabía hacer los problemas de Bioquímica. Sí, tú. ¡Qué capullo, ¿eh?! En realidad, lo admirábamos. Y hoy en día lo seguimos haciendo. La Biología nos unió porque quiso. La selección natural es sabia y yo confío en su criterio.

Cada año que ha pasado me he dado cuenta de que mi amor por ella ha crecido poco a poco. Es verdad que hubo momentos de dejarlo todo, de pasar, de saltarse cosas y clases también, de llorar, de lamentar y también de celebrar, pero sobre todo de aprender, de comprender y de irte satisfecho a casa, porque has aprendido algo nuevo, algo que te interesa de verdad.

Hoy cursamos el último año, y me ha servido para enamorarme perdidamente de la idea que forjé de ella hace nueve. No me arrepiento de los suspensos ni de los fracasos. También me han enseñado a seguir. Hoy por primera vez he sentido miedo. Miedo a no seguir aquí, a no seguir compartiendo con mis amigos, a no seguir comiendo en el Alumnario, a no seguir saltándome clases, a no seguir yendo a la cafetería. Hoy me he sentido mayor, me he sentido realizada y he visualizado lo que seré dentro de unos meses. Seré bióloga, para siempre. Por fin, nuestro compromiso tendrá peso y durará eternamente. Hoy solo quiero agradecerle a la Biología que haya cambiado mi vida, que me haya regalado tantas historias, personas y conocimiento. Hoy me he sentido más cerca. Hoy me he dado cuenta de que sí es posible cumplir mi sueño.

Tiempo al tiempo

Voz n.º 21

Quizás irse sea la única manera que tenemos
de no hacer más daño.

Ante aquellas miradas decidí agachar la cabeza y esconderme por completo. Intenté pasar desapercibida, pero mi abrigo amarillo llamaba demasiado la atención en aquel día lluvioso y gris. Eran las tres de la tarde. Mi paso era acelerado y, para mi sorpresa, el metro estaba lleno de gente. Llevaba los cascos y la mirada fija en el móvil para que nadie se diera cuenta de lo que gritaban mis ojos. No dejaba de darle vueltas a lo que ella me había dicho: «Necesito un tiempo». No entendía qué nos estaba pasando. Un tiempo era sinónimo de dejarlo y esta vez sería definitivo. Ella y yo habíamos pasado por mucho ya y la cuerda estaba casi tensada a su límite. Acabaríamos rompiéndola.

Como aún me quedaban cincuenta paradas de metro empecé a repasar toda nuestra historia. Lo guapa que me pareció el primer día que la conocí, lo mucho que me atrajo y lo mucho que se me erizó la piel en nuestro primer contacto. Fue único. Como si hubiera despolarizado por completo cada una de las células de mi cuerpo. Un impulso extraño y a la vez efusivo. Me hizo sentir viva. Tardé lo mío en conquistarla, pero al final lo conseguí. En el fondo creo que yo también provoqué ese efecto en ella, como ella lo hizo en mí; sin embargo, nunca me atreví a preguntarle. Tal vez por miedo a que me dijera que no.

Estoy segura de que nos amamos mucho, a diario, pero la monotonía, el trabajo y la vida nos habían ido consumiendo poquito a poco. Nos habían desgastado y nos habíamos acostumbrado a ello. Recordé cuántas veces me pidió que la abrazara por las noches, que la ayudase a elegir la ropa todas las mañanas y que le abrochase los botones del pijama cuando llegara a casa. Ella me buscaba con pequeños gestos y detalles. Y yo en mi mundo.

No sé en qué momento empecé a abandonarla. Ahora me lamento. Porque sé que yo la quería más que a mi vida y solo necesitaba ver sus pequeños ojos marrones para darme cuenta. Tenía las pecas más bonitas del mundo y una sonrisa que iluminaba la habitación. Ese pelo alborotado negro, del que le caían los rizos sin ningún tipo de orden, al azar, porque sí, formando un completo caos sobre sus hombros. Era una maravilla.

Eran las cuatro menos cuarto cuando el metro por fin llegó a mi parada. Temblorosa y con paso nervioso, me dispuse a llegar a casa. Tardaría cinco minutos, pero no quería ver cómo estaba nuestro hogar. Ella había decidido volver con sus padres, mientras yo permanecería en el piso hasta encontrarle una solución. Pero cuando las llaves entraron en la cerradura y abrieron la puerta, me mostraron una imagen desoladora: se respiraba vacío y ni siquiera su olor había permanecido.

Ya no estaban sus calcetines tirados en el salón, ni sus libros y papeles esparcidos por la mesa. La cama estaba fría y el armario ahora parecía más grande de lo que era. Solo quedaba una foto. Una que pusimos de imán en la nevera, de esas tonterías que se regalan en los primeros aniversarios. Estaba ahí porque sujetaba una nota. Era su letra. El corazón me latía tan fuerte que me iba a estallar. Decía que me quería, pero que necesitaba alejarse. Supe entonces que debía empezar de cero si quería volver con ella. Pero, ¿cómo iba yo a empezar de cero? ¿Cómo, si con ella había alcanzado el infinito?

Pósit en la nevera

Voz n.° 22

Lo escribí a bolígrafo para que durara, pero, amor,
nada en esta vida es eterno.

Descalza, deambulando por el frío suelo de esta que fue nuestra casa. Toco las paredes para ver si alguna absorbió algo de felicidad, de esa que una vez se vivió allí. Cuánto me faltas. Un frío gélido recorre el pasillo por el que tiempo atrás corríamos. Me abrazo a mí misma. Me encojo y me hago una pequeña bola en la esquina de la entrada. Aún sueño con volver a escuchar el sonido de tus llaves dentro de la cerradura.

El eco de tu risa retumba en mis oídos y todo se ha vuelto blanco y negro. Cada día que pasa las cosas se vuelven más inertes, y yo con ellas. Prácticamente no como. Mi hambre y mis ganas te las llevaste cuando cruzaste la puerta. Dijiste que nunca volverías. Han pasado cuatro meses y has cumplido con tu promesa. No te voy a mentir. Sigo pensando que alguno de estos días vendrás y me sacarás de esta pesadilla que me tiene en las tinieblas.

Intenté dejar de fumar. Si no recuerdo mal, alguna vez te dije que lo haría. No he sido capaz. No he sido capaz en este momento. Lo siento si te he defraudado con esto también, pero ya qué más da. No he quemado las fotos. No he querido. Es de lo poco que me queda de ti y no quiero deshacerme de ello. Seré una estúpida por aferrarme a esto, pero yo te quería y todavía te quiero.

Por cierto, llevo tu camisa blanca, la de las ocasiones especiales. Está más vieja y ha perdido un poco el blanco reluciente. Nunca la plancho, la llevo arrugada y por más que la lavo sigue oliendo a ti. La primera vez que me llevaste a cenar la llevabas puesta. Recuerdo que en uno de nuestros acercamientos no pude evitar mancharla de pintalabios. Me dijiste que nunca más la lavarías, que la mantendrías de recuerdo y así siempre que no pudieras verme tendrías una parte de mí contigo. La mancha acabó saliendo, como supongo que yo salí de tu vida.

He de decirte que la rutina me consume. He intentado llenar este vacío, pero te juro que no puedo. A veces te sigo cantando. Desde el balcón miro al cielo y susurro nuestra melodía para ver si te llega. Lo único bueno de todo esto es que ya no lloro. Ya no tengo fuerzas, ni tampoco me quedan lágrimas. Hoy hace exactamente cuatro meses, dos días, una hora, quince minutos y veintidós segundos que me dejaste. Y lo tacho día tras día en el calendario. Llevábamos dos años juntos. Dos años y cinco meses para ser exactos. Después me dejaste. Ha sido muy doloroso, no te lo voy a negar, pero he tenido que aprender a vivir con ello. No puedo evitar echarte de menos, echo de menos todo de ti. Tus calcetines por el pasillo, la taza del café semivacía en la encimera, la televisión siempre mal apagada, tu montonera de papeles, tu pijama de cuadros y tus calzoncillos en el baño.

Echo de menos verte recoger, verte cocinar y pringarlo todo. Echo de menos verte limpiar los cristales, porque siempre me dejabas corazones de vaho en las esquinas. Echo de menos oírte cantar, porque nunca te sabías la letra de ninguna canción y siempre te la acababas inventando. Echo de menos tu postura en el sofá y, sobre todo, en la cama. No he sido capaz de tumbarme en tu lado todavía. No hay nada en este mundo que no eche de menos de ti y por eso te lo dejo aquí escrito, por si alguna vez vuelves y te da por mirarlo. Te lo pegaré en la nevera, porque ahí dejábamos las cosas importantes.

Ya tengo la maleta preparada y los vaqueros puestos. Sigo descalza y tocando las paredes. Quiero llevarme todo lo que pueda y sentir de ti lo poco que me queda. Al fin y al cabo, esta siempre fue tu casa y yo una inquilina más. Abro la puerta una última vez. Esta vez sola y sin nadie que me lleve en brazos. Me voy con todo cargado a mis espaldas, pero dejo todo lo que te tenía que decir. Ojalá algún día vuelvas, aunque yo ya no esté aquí.

Por un momento me giro y veo todo desde la perspectiva de la entrada. Y por última vez veo tu silueta cruzando el pasillo. Supongo que es un recuerdo de esos que vienen y van. Una lágrima cae por mi mejilla. Cierro la puerta y mientras tanto solo tengo dos palabras para decir: «Adiós, Daniel».

Si lo supiera

Si hubiera sabido tantas cosas amor,
tú y yo habríamos sido nosotros.

Si lo supiera, habría cesado en mí la tempestad.
Si lo supiera, doblegaría en ti mi voluntad.
Si lo supiera, dejaría en tus manos el timón.
Si lo supiera, llenarías el vacío de mi corazón.
Si lo supiera, si lo supiera,
si tan solo yo lo supiera.
Si lo supiera, habría gritado mil veces tu nombre.
Si lo supiera, podría haber sido ese hombre.
Si lo supiera, andarían mis palabras hacia ti.
Si lo supiera, ya más nunca quedarían en mí.
Si lo supiera, si lo supiera,
si tan solo yo lo supiera.
Si lo supiera, serían solo tuyos mi alma y mi cuerpo.
Si lo supiera, desearía no vivir como un muerto.
Si lo supiera, dejaría todo atrás.
Si lo supiera, desharía todo y más.
Si lo supiera, si lo supiera,
si tan solo yo lo supiera.
Si lo supiera, bajaría la luna hasta tus pies.
Si lo supiera, haría solo falta contar hasta tres.
Si lo supiera, besaría tus labios con pasión.

Si lo supiera, te amaría a cada hora, en cada rincón.
Si lo supiera, si lo supiera,
si tan solo yo lo supiera.
Si lo supiera, desataría el fuego que me consume.
Si lo supiera, haría que tu dolor, vida mía, se esfume.
Si lo supiera, si lo supiera,
si tan solo yo lo supiera.
Si lo supiera, mi amor,
si tan solo yo lo supiera,
me rendiría a tu corazón
hasta que de amor muriera.

Canciones para Mateo

Voz n.º 24

A la chica de los ojos azules.
Sin ella, esta historia no hubiese sido posible.

Llegó marzo. Mérida no recordaba que el concierto sería el próximo viernes. Seis meses atrás Mateo y ella hablaban de cuánto les gustaría ir a verlo. Compartían muchas cosas, pero su pasión por la música les había unido aún más de lo que habían previsto. Mateo era intrépido y nada vergonzoso. Mérida más bien guardaba todo para dentro. Aunque se conocían desde hacía unos años, Mérida seguía siendo un enigma sin descifrar. Y aunque Mateo era impaciente, sabía mantener la calma y siempre intentaba sorprenderla. Tras descubrir que las letras de Sabina decoraban cada esquina de su archivador, Mateo no se lo pensó dos veces y con un micrófono y un pequeño altavoz le cantó a Mérida delante de todo el mundo:

—Yo no quiero domingo por la tarde,
yo no quiero columpio en el jardín,
lo que yo quiero, corazón cobarde,
es que mueras por mí...

Mérida no cayó rendida a sus pies tan fácilmente, y aunque se moría de ganas y el deseo le ardía por dentro, no estaba segura, y decidió dejarlo escapar. Se hicieron amigos, eso sí, y pasado un tiempo cada uno retomó su vida como pudo. Mateo decidió olvidar aquello que era imposible. Mérida se sumió aún más en su mundo y su coraza se hizo todavía mayor.

Carolina, Santi y Manuela eran amigos de los dos. El cumpleaños de Mérida estaba cerca y Sabina vendría a Madrid en marzo. Entre todos decidieron comprar las entradas y regalarle a Mérida la suya. Santi aprovechó la calma entre ambos y decidió declararse de una vez. Y fuera como fuere, Mérida decidió que esta vez tendría que arriesgarse. Le dio una oportunidad a Santi, a ver si así conseguía sacarse a Mateo de la cabeza. Sabía que no estaba bien jugar con los sentimientos de nadie, pero se le habían acabado las opciones.

Los meses pasaron. Mérida deseaba que llegara el viernes, no podía pensar en otra cosa. Su sueño se hacía realidad y de alguna manera Mateo estaría ahí para compartirlo con ella. Tal vez cruzaran miradas en alguna canción o incluso sonara la que tiempo atrás le dedicó. Florecía la esperanza; sin embargo, un giro inesperado cambió las cosas en el último momento. Carolina se había hecho un esguince y no podría ir. Así que por la tarde, mientras esperaban, Mateo llegó un poco nervioso. Avisó de que había invitado a alguien para no perder la entrada de Carol. Todos parecieron de acuerdo. Mérida no dijo nada. Miró al suelo e intentó evadirse de aquello. Santi la cogía por la cintura. Sabía que aquello no saldría bien.

Empezó el concierto. A Mérida le brillaban los ojos. Estaba feliz, radiante. Cantaba todas las canciones que allí se escuchaban, como si no hubiese un mañana. Al acabar el concierto, Manuela, que la conocía bien, se acercó por detrás:

—¡Qué afortunado es! —le dijo señalando a su novio.

—Le has dedicado todas las canciones.

—Lástima que no sean para él —le contestó ella.

Manuela, sorprendida, no pudo evitar preguntarle:

—¿Y para quién si no?

—Para alguien que ya tiene a quien dedicarle canciones como estas —respondió, mirando a la chica a la que Mateo rodeaba con su brazo derecho.

Bajo la piel

Voz n.º 25

Recuerda siempre, amiga mía,
que haría cualquier cosa por verte feliz.

Y así fue como hice diana. Clavé la mirada en aquellos pequeños ojos verdes. Aguanté. Los miré tan fijamente como pude. Fue intenso, mucho. Recuerdo incluso no parpadear, pero lo conseguí. Lancé mi flecha y acerté de un solo tiro. Pude notar cómo se clavaba en lo más hondo de su ser. Por fin fue posible. Traspasé los muros y llegué. Y todo por un ligero despiste. Curioso eso de perder la concentración. Vacilar un único segundo, el tiempo suficiente. Había intentado entrar otras veces, pero nunca intenté algo tan sencillo. Observar y esperar. Con paciencia, eso sí, pero debía ser un don o algo así. Lo aprendí, seguí sus consejos y lo conseguí por mérito propio.

La pequeña grieta que mis ojos divisaron me adentró en su ser, y entonces lo descubrí: el ansiado secreto, su secreto, el que nunca fue revelado. Estaba allí, cubierto de polvo, cenizas y viejos cristales rotos. Nunca me imaginé algo así. Era oscuro, pero no frío. Podías sentir un calor acogedor. Eso solo podía significar que alguna vez el fuego ardió allí.

El polvo y las cenizas flotaban en aquel espacio. Los sentía por todo mi cuerpo, como ligeras caricias que se desvanecían con el mínimo roce. Sentí entonces que el amor y el cariño alguna vez estuvieron allí. Caminé a ciegas. Mi flecha solo dejaba entrar un hilo de luz. Montones de cristales crujían al unísono con cada uno de mis pasos. Devolvían dolor, un dolor desgarrador y a la vez espeluznante; un dolor amargo y lleno de ira y deseos de venganza; un dolor que gemía cual ser malherido. Supe entonces que reinaba en aquel oscuro lugar. Se había instalado allí un largo tiempo atrás.

Sin embargo, el miedo no me frenó. Como amante de las causas perdidas, me limité a recoger tantos trozos como pude. Una montaña de cristales casi tan alta como yo me miraba fijamente. Mis manos sangraban, dolían e incluso algún trozo logró incrustarse bajo mi piel.

El dolor me observaba. Deambulaba por allí, tratando de hacerme caer. Mencionó que no fui la única que trató de salvar a aquel ser. Desfallecida y sin fuerzas, logré recomponer todos los trozos que había. Todos menos uno. Cuando lo hice, el hilo de luz se reflejó en cada uno de ellos e iluminó el lugar creando una belleza sobrenatural. «Asombroso», me dije. Era único y nada similar a lo que yo había conocido antes. El dolor se había quedado resignado, empequeñecido en el oscuro rincón. Pero entonces, mis piernas flaquearon y, cegada por tal vista, caí en un sueño.

Recuerdo despertarme y abrir los ojos tan rápido como pude. La luz del sol me molestaba y alguien me sostenía. Enfoqué bien y pude ver aquellos pequeños ojos verdes. Me miraban fijamente irradiando luz propia. Noté algo punzante en mis manos. Tenía cristales clavados en ellas y heridas por todos lados. Todo había sido real. Logré salvarlo, aquel ser era libre. Su dolor se vino conmigo, pero no me importó. Significaba que ahora compartiríamos todo. La conexión sería máxima. Tiraría los muros, dejaría a la vista sus grietas y ya daría igual dónde hacer diana. Su secreto estaría a salvo conmigo.

Al descubierto

Tal vez solo tengas que leer entre líneas para saber quién soy.

Y entonces lo entendí.
Mi inspiración solía venir por temporadas.
Me visitaba en los peores momentos.
Sin embargo, lograba extraer todo aquello
que mi boca callaba.
Hubo momentos en los que fue demasiado intensa,
como si tuviese una necesidad interior
que deseara salir.
¡Y boom!, explotaba.
Cientos de palabras plasmadas en una hoja de papel
en menos de quince minutos.
Pero después del éxtasis y la euforia
se avecinaba un futuro un tanto desolador.
Leía una y otra vez lo escrito, y empezaba a dudar.
La seguridad del principio se desvanecía en cada repaso
y hacía crecer mi desesperación.
Y lo cambiaba todo, palabras por aquí y por allá,
reescribía líneas y párrafos hasta que temblaba
el eje principal de la historia.
Dudaba de mí, de mi capacidad creativa e intelectual,
de mis propias palabras.
Y el final, como siempre, era devastador.

Borrar todas las letras, los espacios y a empezar de cero.
El próximo sería mejor.
Sin embargo, algunas veces no había próximo.
Algunas historias se quedaban estancadas,
con finales abiertos, cuerpos enredados
e introducciones confusas.
Otras tantas, sin acabar.
Pero mi inspiración era así, y yo no podía hacer nada.
Aunque la llamara y la deseara con toda mi alma,
era libre y no estaba sujeta
a mis caprichos de madrugada.
Hizo que reflexionara mucho sobre mi vida.
Y supongo que si eres lo suficientemente astuto o astuta,
sabrás qué se esconde bajo estos términos.
La realidad.
Mi realidad.
Sentimientos paralelos, capaces de dominar
cuánto quiero y cuánto no.
Actúan igual, piensan igual y causan en mí
un efecto similar.
Después de tanto tiempo he comprendido.
Me rindo ante su voluntad sin necesidad
de ruegos o pedidos.
No es algo que puedas evitar.
Anula cualquier razonamiento seguido y lógico.
Difícil de controlar, sí.
Pero cuando vienen a mí,
cuando entran y embriagan todo mi ser,
me siento imparable, capaz de crear y salvar.

Aunque nothing lasts.
Solo la verdad lo hace.
Y ellos lo son.
Forman parte de todo aquello que soy.
Mi verdad.
Supongo que algún día dejarán las idas y venidas,
algún día querrán ser más sedentarios,
querrán estabilizarse.
Y os aseguro que yo lo sabré.
Ese día lo sentiré y entonces...
Entonces os prometo que la historia será interminable.

Uno: azar. Dos: ¿destino?

Voz n.º 27

Si quieres encontrar el lugar,
solo tienes que seguir las indicaciones.

Sonó el despertador y abrió los ojos. Un sol resplandeciente entraba por la ventana de su habitación. Se dio una ducha de agua fría. Así podría mantenerse despierta el resto del día. Decidió ponerse los últimos vaqueros que se había comprado. Ahora eran sus favoritos. A conjunto, una preciosa camisa blanca, cómo no, vaporosa y fina. Sus dos aros en las orejas y sus Converse. Se miró en el espejo. Las ojeras no se iban, pero aun así sus ojos relucían. Un poco de polvos, rímel y perfilador de labios. Estaba lista. Cogió su bolso y salió corriendo. De camino al metro llevaba los cascos puestos. Sumida y perdida en su mundo, escuchaba una y otra vez la misma canción. Cuando se montó en el vagón, tuvo suerte y encontró un asiento. Sacó su libro y se puso a leer. Tenía paradas de sobra para concentrarse durante un rato. Estaba tan concentrada que ni siquiera se dio cuenta de quién se había sentado en frente.

Aquel joven no tenía ninguna intención de molestarla o de intimidarla, pero no podía apartar la mirada. Se preguntaba si tal vez existía el amor a primera vista, porque no entendía aquella sensación que estaba recorriendo cada espacio de su cuerpo. Se había fijado en cómo el pelo le caía por el lado izquierdo y en cómo se recogía el flequillo detrás de la oreja derecha. Aunque no le había visto los ojos del todo, intuía que eran grandes y vivos. Algo se lo decía. Se fijó también en cómo cruzaba las piernas y en cómo pasaba cada una de las hojas del libro. Vio los dos tatuajes de sus muñecas y no pudo evitar sentir un impulso de querer besarlos. Sí, pudo contemplar su sonrisa. No había visto una igual, tan única, tan ella. Más de veinte minutos sin apartar los ojos. Era todo su ser lo que le atraía, pero sabía que en alguna estación la perdería para siempre. Esa idea le rompió por dentro. Se frotó los ojos y cuando alzó la mirada, aquella joven estaba saliendo por la puerta de la estación. Tan rápido como pudo se levantó y salió corriendo, pero no consiguió verla. Era imposible que volviera a cruzarse con ella.

Silvia subió las escaleras mecánicas y salió de la estación de Antón Martín. Se dirigió a la calle León y volvió a ponerse los cascos. Encendió un cigarro, la costumbre de todos los días. Eran las diez menos diez y aún le sobraban diez minutos para tomarse su café. Entró en la cafetería y sacó su portátil. Elisa, la camarera, que ya la conocía, también le sirvió el *cappuccino* con leche templada que tanto le gustaba. Se lo llevó a la mesa de siempre, la de la esquina con la silla roja. No estaría allí mucho rato, pero aquella mañana decidió quedarse más tiempo.

Sergio entró en la cafetería de la amiga de su madre. Le había ofrecido trabajo para el verano y era una buena oportunidad para sacar dinero. Elisa, que lo conocía desde que era un niño, se ilusionó mucho al verlo. Sergio había cambiado mucho y hacía tiempo que no lo veía. Le sirvió un zumo de naranja y un café con leche. Echó un vistazo a la cafetería. Era bastante acogedora y tenía buena clientela. Seguro que no iba a aburrirse ahí durante el verano. Mientras terminaba de beberse el café, alguien se acercó a la barra para pagar la cuenta. No pudo evitar fijarse en una de las muñecas de aquella joven: un trébol de cuatro hojas estaba tatuado en su piel y él sabía que eso lo había visto antes. Alzó un poco más la vista y vio cómo se colocaba el flequillo detrás de la oreja derecha. Pensó que no era cierto. Tanta coincidencia no podía ser simplemente mera casualidad. Pero sí, era ella. No sabía qué hacer, no podía reaccionar.

Elisa llegó para atenderla y cariñosamente despidió a Silvia. Bastó una décima de segundo y sus miradas se cruzaron. Sergio sintió como el corazón se le paraba por primera vez. Sus ojos eran de otro mundo. Una puta locura. Él los había visto y sabía que se le quedarían grabados para siempre. Silvia sintió un escalofrío que le hizo estremecerse. Tenía la sensación de haber visto a ese chico antes. Aquellos ojos que no dejaban de mirarla parecían leerle el alma, pero no se paró. Siguió caminando y salió de allí. Tenía prisa. En quince minutos entraba a trabajar; sin embargo, no dejó de pensar en aquel chico. Pero quién sabe, tal vez otro día, en otra ocasión que pasara por allí se encontrarían, o quizás no. Sergio se quedó desolado. Dos veces en el mismo día y la había dejado escapar. ¿Y si no había una tercera oportunidad? Por lo pronto, él iba a trabajar allí y por el trato que había visto que tenía con Elisa aquella chica volvería a la cafetería. Para entonces, él la estaría esperando.

Carmen

Voz n.º 28

Por todas las veces que tú y yo fuimos Carmen.

Las calles estaban apagadas. Tan solo se escuchaban los pasos de Carmen y sus profundos suspiros. No había más luz que la luna y las tristes farolas que empobrecían el lugar. Llevaba las manos metidas en los bolsillos del largo chaquetón que vestía. De pronto empezó a llover. Primero unas gotas, hasta que acabó diluviando. Carmen estaba empapada, pero siguió caminando. Cada paso que daba le pesaba aún más que el anterior. Los mechones mojados de su pelo se pegaban a su espalda, y las frías gotas de lluvia recorrían su cuerpo de arriba abajo, estremeciéndolo. Eso le hizo recordar sus manos. Cada vez que la acariciaban sentía el mismo escalofrío. Sabía que ahora estarían posadas en otro cuerpo que no era el suyo, pero ya se había hecho a la idea o, por lo menos, eso se decía.

Dejó de llover y el cielo se despejó de nubes. Solamente la luna y las estrellas iluminaban la oscuridad de la noche. Miró el móvil y nada. No tenía ningún mensaje y sinceramente tampoco lo esperaba después de todo. Se le hacía tan rara aquella situación, se sentía más sola que nunca. Lo había tenido todo y ahora creía que no tenía nada. Dobló la esquina y entró en un bar, pero no en uno cualquiera. Ese lo conocía muy bien. Iban juntos siempre a tomarse unas copas los viernes por la noche.

Cuando entró todo le pareció extraño y ajeno. Tímidamente se sentó en una de las banquetas de la barra junto a una de las esquinas y se pidió una copa. Sabía que esa noche tenía para rato y que esa iba a ser la primera de muchas. El camarero se había percatado de la belleza de Carmen, a pesar de sus ojos hinchados de tanto llorar. Se fijó en cómo se sujetaba la cabeza con la mano izquierda, en su mirada perdida y cansada, en su sonrisa apagada. Sintió el impulso de hablarle, pero creyó que era mejor dejarla sola.

Después de unas cuantas copas se encontraba mareada, así que decidió que lo mejor era irse a casa. Esta vez el camarero no dudó ni un segundo y se ofreció a llevarla. Ella, tan dulce como siempre, le dijo que no amablemente, quería estar sola. Salió del bar con tan mala suerte de que se le partió un tacón y tuvo que quitarse los zapatos y caminar descalza. Ya no llovía y no vivía lejos, así que con un poco de suerte pronto estaría en casa. Pero muchas veces el destino nos juega malas pasadas y nos vuelve a poner delante al pasado para que no lo olvidemos, para que nos demos cuenta de que siempre formará parte de nosotros, para que aprendamos a vivir con él.

Giró la última calle que ya por fin daba a la suya cuando se topó con una pareja de enamorados cogidos de la mano. Iban por el otro lado de la calle y tuvo curiosidad por saber si los conocía. No le hacía falta mirar ni un segundo más. Sintió un dolor punzante y profundo. Caminó tan rápido como pudo y se sentó en el portal de un edificio. Se abrazó fuerte y rompió a llorar desconsoladamente. Sabía perfectamente quiénes eran aquellos dos, sabía perfectamente quién era él. Volvió a recordar todo lo que había ocurrido, no podía quitárselo de la cabeza.

Las cuatro de la mañana. Carmen por fin se tumbó en la cama dispuesta a dormir. Estaba agotada tanto física como mentalmente. Miró una última vez la hora en el móvil cuando le llegó un mensaje de un número desconocido. Lo abrió para ver qué ponía. Simplemente aparecía: "Baja". Se asomó sigilosamente por la ventana y vio a un chico sentado en frente de su casa. No podía reconocerlo bien, pero su intuición le decía que bajara. Y así lo hizo.

Era él. No se lo podía creer. No entendía qué hacía allí si un rato antes lo había visto de la mano con otra. Él le pidió perdón por todo lo que había hecho y quiso volver con ella. Carmen llevaba esperando que le dijera eso desde que lo dejaron. Ya había pasado mucho tiempo y pensaba que nunca se iba a hacer realidad, pero estaba sucediendo. Se quedó muda, no sabía qué decir. Realmente se preguntaba si volver merecía de verdad la pena. Nadie le aseguraba que él hubiese cambiado, aunque sus palabras parecían bastante sinceras. Se armó de valor y con lágrimas en los ojos le dijo que no podía. Había perdido totalmente su confianza y ya era demasiado tarde. Él no dijo nada, agachó la cabeza y se marchó. Ella hizo lo mismo. Sabía que lo había perdido, pero sabía que él había perdido más.

Noches de rumba

Voz n.º 29

Solo nosotros sabemos lo que significa vernos.

A colillero desgastado,
a cerilla apagada y a cigarrillo quemado.
Así sabían nuestros besos a las cinco de la mañana.
Alcohol en las gargantas.
Sudores fríos y miradas de deseo.
Desenfrenados por la droga del sexo.
Labios que se mordían,
manos que tocaban caderas movedizas.
El roce de nuestros cuerpos.
Mi pelo alborotado
y yo entrelazando en el tuyo mis dedos.
Lujuria en los ojos.
La piel en llamas y gemidos ahogados
en el sonido del silencio.
Idos por completo, descolocados,
sumidos por la voluntad del otro,
esperando a ver quién daba el primer paso.
Demasiado cerca,
sin importar el aliento ni tampoco los complejos.
Embriagados el uno del otro.
Conexión en las miradas.
Susurros en el oído cargados de malicia

fueron suficientes para hacernos perder la cabeza.
Me fui y al rato tú.
Acabamos tirados en el asiento trasero del coche.
Nos besamos fuerte, como si el mañana no existiera.
El choque de nuestras lenguas desenfrenado.
La ausencia del dolor y la presencia del placer.
Follamos duro.
Dejamos marcas, cada uno en la piel correspondiente.
El vaho en los cristales.
Tus manos en mi culo y las mías recorriendo tu espalda.
Yo encima, tú debajo.
Nos corrimos y casi me corro otra vez de pensarlo.
Veinte minutos que nos supieron a gloria.
Después, como si nada hubiera pasado.
Otro vaso de ginebra nos quemó la garganta.
Al trago, rápido y cargado.
Seguimos bailamos mil canciones más,
y de vez en cuando cruzábamos miradas.
La tensión seguía,
las ganas de más,
la necesidad de rozarnos,
de sentirnos,
aun estando satisfechos el uno con el otro.
Con el sol en la frente
nos fumamos el último cigarro.
Te besé una vez más, por si acaso,
y emprendimos rumbos solitarios.
Aquella noche dormimos en camas separadas,
y con los ojos cerrados no dejábamos de preguntarnos
si al día siguiente no recordaríamos nada.

La de los ojos azules

Voz n.º 30

No hace falta que diga que este texto lleva tu nombre.

Y yo te juro que lo notaba. Ese miedo que desprendían sus ojos me llegaba a lo más dentro. Sentía cómo le paralizaba los pies, cómo apagaba el brillo de sus ojos. Pero seguía siendo bonita, tanto que el miedo no importaba. Era secundario. Su mirada era profunda y traspasaba cualquier muro. Desde el primer día que la vi no pude evitar fijarme en ella. Era única y especial en todos los sentidos. Parecía reservada y encerrada en su mundo, siempre pensativa, dubitativa, cuestionándose todo aquello que no sabía o no entendía. Admiraba su ímpetu y su necesidad de conocer. Ella, tan poco conformista, luchadora desde lo más profundo de su ser. Como veis, me fijé en cada detalle, en cada manía y hasta en cada defecto. Y me gustaba, todo me gustaba.

Era natural y real como la vida misma. Brillaba sola, aunque a veces creo que no se daba cuenta. No podía entender por qué se escondía detrás de un flequillo, ni por qué ocultaba sus ojos detrás de unas pequeñas gafas de pasta negras. De sus ojos solo diré que eran de un azul grisáceo que podía volverte loco. Creo que cada vez que los miraba más detenidamente más increíbles me parecían.

Era una apasionada de los animales y de las causas perdidas. Una adicta al cine y una romántica empedernida, aunque solo fuese en la ficción. Decía que no creía en el amor, pero en el fondo yo sabía que alguna vez había amado. Se movía por principios y eso era algo que yo siempre había admirado. Cómo no iba a fijarme en ella, aunque siempre fuera el otro lado de las cosas, la otra versión. A veces tan ella y a veces tan yo. No entendía cómo habíamos podido llegar a querernos tanto. A nuestro modo, eso sí, pero tanto. Quizás solo era una prueba más que demostraba que los polos opuestos se atraen. Sin prácticamente nada, llegó a conocerme como nadie. Establecimos una conexión extraña. Algunos dirán que pudo ser cuestión de suerte que encajáramos tanto, pero yo no creo en el azar, soy más del destino. Y no he dejado de darle gracias por cruzarla en mi camino.

No hacía falta decirle que yo estaría ahí para ella siempre, en lo bueno, en lo malo y en lo peor. Porque las buenas personas se merecen todo aquello que son. No quiero decir con todo esto que lo nuestro fuera siempre de color de rosa. Discutíamos y nos enfadábamos casi tanto como nos reíamos. Sé que puede resultar extraño, pero éramos felices así. Todo eso también había formado parte de lo que habíamos creado. Y ya os digo yo que fue algo único, algo inexplicable o como diría ella: «Inefable»[1].

---

1. Del lat. *ineffabĭlis* 'indecible'. 1. adj. Que no se puede explicar con palabras.

Epílogo

Medio fondo

¿Recuerdas cuando decíamos que recorreríamos el mundo de la mano? Porque yo sí me acuerdo. Sentados en aquella azotea de Madrid, mirando las pocas estrellas que el cielo de la capital podía ofrecernos, eclipsadas por las luces de toda la Gran Vía. Mirándonos serios y con una copa en la mano, nos juramos amor eterno. Nos prometimos demasiado y después de estos dos años ya no habrá tiempo para cumplir lo acordado. Apostamos a todo o nada aquella noche y hoy nos pasa la factura.

Los caminos se separan y dejan de ser nosotros para ser tú y yo. Mis dedos ya no se entrelazarán con los tuyos y visitaremos el mundo por nuestra cuenta. Perderemos las ganas, la felicidad y la sonrisa por un tiempo. Nos echaremos de menos, y digo nos, porque tú me echarás en falta al igual que yo a ti. Destruiremos poco a poco lo que creamos y con cada lágrima que derramemos el dolor se irá alejando. La tristeza nos inundará por completo y la sensación de vacío reinará en nuestros corazones. Dos mitades cortadas a destajo y de un solo golpe. Tendremos que decir adiós, mientras aprendemos a caminar solos. Pensaremos tanto que la cabeza nos estallará más de una noche. Torturaremos nuestras almas y nos culparemos mutuamente por todo lo que ha sucedido. El rencor nos invadirá y la ira nos hará decir cosas que ninguno de los dos sentimos. Nos miraremos una última vez, y con la angustia pesando sobre nuestros hombros no nos diremos nada.

Me daré la vuelta y seguidamente tú harás lo mismo. Mis pies avanzarán, mientras tú entras en el asiento del coche. En ese momento serás consciente de todo. Ya nunca más me recogerás en ese portal, ni pararás el coche en doble fila, mientras esperas a que baje. No subirás a mi casa, ni tampoco te tumbarás en mi cama. Te bajarás solo en el *parking* y subirás el ascensor pensando en cuántas veces yo apreté ese botón contigo. Quitarás la foto y la esconderás en lo más profundo del cajón de la mesa de tu escritorio. Intentarás no llorar, lo sé, pero la mirarás una última vez para recordar lo felices que fuimos. Maldecirás haberme conocido y me odiarás un tiempo bastante largo. Pero yo lo comprenderé.

Sufriré en silencio por ti, aunque tú no lo sepas. Lloraré por las noches e incluso te escribiré algún que otro verso. Me ahogaré con tu nombre y me culparé cada día por no haberte sabido querer. Dolerá, te lo aseguro, pero intentaré avanzar mientras tanto. Viviré con la esperanza de que algún día puedas perdonarme, y si no, dejarás una espina clavada para siempre en mi corazón. Te echaré de menos y me costará salir de este infierno. Ojalá pudiese llevarme tu dolor conmigo. Te prometo que lo haría si fuera posible. Dalo todo por perdido, yo lo haré también, aunque después de todo sepamos que de esto también se sale. No conserves esperanza alguna, porque después de esto, lo siento, pero yo no merezco volver. Me costará perdonarme a mí misma más de lo que te puedas imaginar, pero sé que el día que vuelvas a ser feliz lo haré.

Hoy me quedo con haberte dado el ciento diez, con haberte querido hasta el infinito, con haberlo arriesgado todo. Sin conocernos, dimos el paso y saltamos tan rápido a la piscina como nuestro amor crecía. Siento que se haya estancado para mí, que por mucho que tú corrieras, yo siguiera parada aquí. No querías darte la vuelta y mirar hacia atrás, pero, amor, tú sabías que esta vez no podrías tirar de mí. La distancia a recorrer entre los dos cada vez era más larga y llegó a un punto en que ni siquiera éramos capaces de reconocernos. Tú dando el doscientos y yo el mínimo por ciento, pidiendo el tiempo muerto. Tanto esfuerzo y empeño…

Terminaste la carrera y yo intentaba recobrar el aliento. No pude seguir tu ritmo. Necesitaba ir a mi aire, tomarme mi tiempo y por eso paré. La balanza se había desequilibrado y la sincronía que nos caracterizaba ahora solo era caos. Hemos perdido en esta pista, lo sé, pero aún nos quedan muchas por conocer. Quizás algún día volvamos a encontrarnos en el pistoletazo de salida y a lo mejor para entonces, aunque corramos en distintas calles, podamos abrazarnos cuando crucemos la meta.

Sobre la autora

Tamara González Illanes (Madrid, 1996). Bióloga en proceso por la Universidad Complutense de Madrid. Flamenca hasta la médula y aficionada a la escritura, si puede considerárseme como tal. Romántica empedernida, soñadora, idealista, salvadora de almas y amante de la justicia. Hablo por los codos (o eso dicen) y me encanta estar rodeada de gente. Enamorada de Andalucía, mi segunda tierra.

Si por curiosidad quieres saber más de mí, solo tienes que ponerte en contacto conmigo a través de mis redes sociales:

@tamaraglez_96
@tamaraglez_96
Tamara González Illanes